Chris Czajkowski, aufgewachsen in einem kleinen nordenglischen Dorf, ging nach ihrer Ausbildung nach Uganda, wo sie in einer Landwirtschaftsschule unterrichtete. Sie reiste durch Asien und Neuseeland, arbeitete als Melkerin auf Milchhöfen und Schaffarmen und erkundete in ihrer Freizeit die Region. Es folgten Reisen durch den Südpazifikraum und Südamerika, bevor sie nach Kanada auswanderte. Hier baute sie ihr erstes Blockhaus fernab der Zivilisation. Heute lebt sie in einer wenig erforschten und schwer zugänglichen Region auf einem Berg in einem weiteren, selbst gebauten Blockhaus. Chris Czajkowski hält Vorträge über die alpine Flora und Fauna und führt durch die Wildnis.

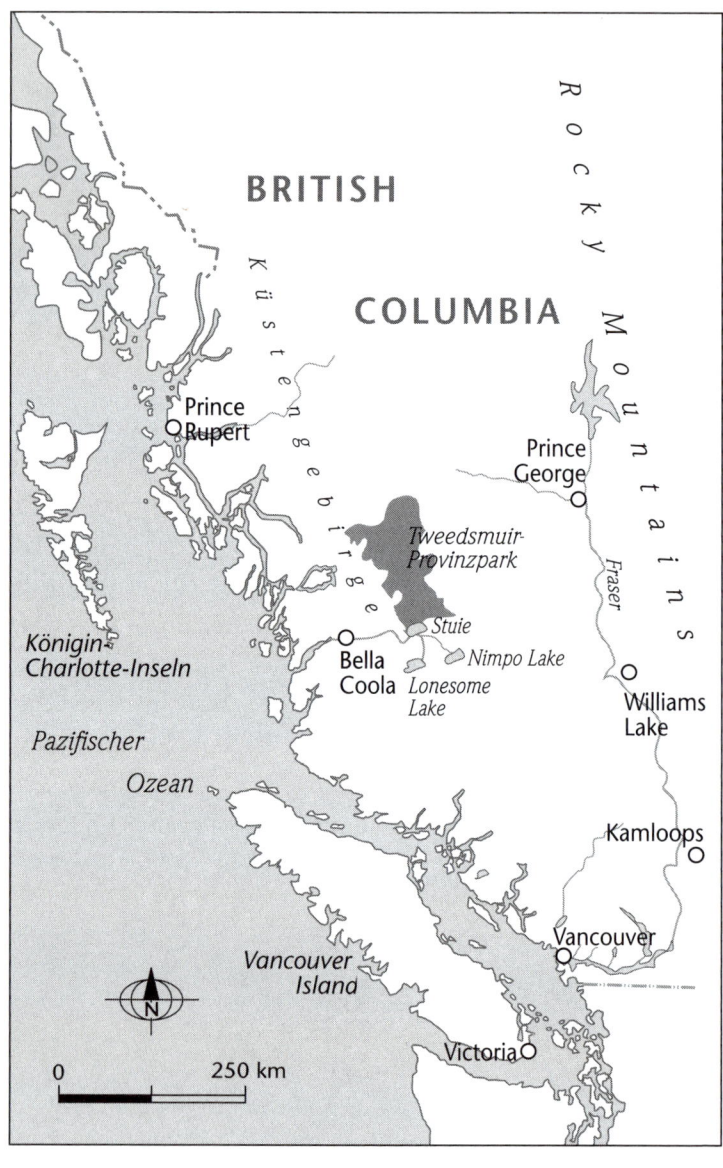

BRITISH

COLUMBIA

Prince
Rupert

Prince
George

Tweedsmuir-
Provinzpark

Stuie

Königin-
Charlotte-Inseln

Bella
Coola

Nimpo Lake

Lonesome
Lake

Williams
Lake

Pazifischer

Ozean

Kamloops

Vancouver

Vancouver
Island

Victoria

Rocky Mountains

Küstengebirge

Fraser

0   250 km

N

CHRIS CZAJKOWSKI

BLOCKHAUS AM SINGENDEN FLUSS

*Eine Frau allein
in der Wildnis Kanadas*

*Mit einem Vorwort
von Peter Gzowski*

*Ein Buch der Partner
Goldmann und National Geographic Deutschland*

Die Originalausgabe erschien 1991 unter dem Titel
»Cabin at Singing River«
bei Camden House Publishing, Vancouver.

Sämtliche Fotografien und Illustrationen
stammen von der Autorin Chris Czajkowski.

SO SPANNEND WIE DIE WELT.

Dieses Werk erscheint in der Taschenbuchreihe
National Geographic Adventure Press
im Goldmann Verlag, München.

1. Auflage März 2003, deutsche Erstausgabe
Copyright © 2003 der deutschsprachigen Ausgabe
National Geographic Adventure Press
im Goldmann Verlag, München,
in der Verlagsgruppe Random House GmbH
Copyright © Chris Czajkowski
Alle Rechte vorbehalten
Lektorat: Gisela Fichtl, München
Karten: Margret Prietzsch, Gröbenzell
Umschlaggestaltung: Atelier Seidel, Neuötting
Herstellung: Sebastian Strohmaier, München
Satz: Uhl + Massopust, Aalen
Druck und Bindung: Clausen & Bosse, Leck
ISBN 3-442-71198-3
www.goldmann-verlag.de
Printed in Germany

Das Papier wurde aus chlorfrei gebleichtem Zellstoff hergestellt.

Für mein Team:
Jack, Trudy, Lucky und Guenevere

Inhalt

Vorwort

Wie das meiste, das ich nicht in meinem Büro bei CBC-Radio schreibe, bringe ich auch dieses Vorwort in meinem Refugium zu Papier, das ich noch immer mein »Ferienhäuschen« nenne und das achtzig Kilometer von der nächsten Großstadt und einen Schlag mit einem 7er-Eisen vom nächsten Laden entfernt ist. Den Text tippe ich in einen Macintosh-Computer und erinnere mich dabei an den Tag, an dem ein schlimmes Gewitter das halbe Kapitel eines Buchs, an dem ich gerade arbeitete, auslöschte und mich in totale Hilflosigkeit versetzte. Vor der Glaswand meines Arbeitszimmers halten auf den Holzdielen der Terrasse zwei Gasbarbecues Wache, deren Schneehäubchen bezeugen, dass wir am Abend zuvor im Haus gegessen haben. Dahinter ziehen superfitte Langläufer auf dem Golfplatz ihre Bahnen und schnauben und schwitzen unter ihren Wollmützen und in ihren dicken gemusterten Wollstrümpfen. Eigentlich sollte ich mich zu ihnen gesellen, aber das Schreiben ist mir lieber.

Im Wohnzimmer meines Häuschens, das an mein Arbeitszimmer anschließt, verfolgt meine Lebensgefährtin Gill Howard einen englischen Krimi im Kabelfernsehen. Dort hatten

9

wir auch am Abend zuvor amüsiert ein Video angeschaut, das wir von einem der fünf oder sechs Läden ausgeliehen hatten, die von diesem neuesten und einträglichsten Zweig der lokalen Wirtschaft unseres Dorfes profitieren. Ein Faxgerät steht neben dem Telefon, bei dem es sich um ein kompaktes Tischmodell und keines der schnurlosen Dinger handelt, mit dem ich hin und wieder im Bad telefoniere. Zwischen den einzelnen Sätzen nippe ich an meinem Kaffee. Die Bohnen dazu gibt es jetzt in unserem Supermarkt. Ich habe sie elektrisch gemahlen, in einer Maschine gebraut, und wenn es notwendig ist, wärme ich den Kaffee im Mikrowellenherd wieder auf.

Ja, das einfache Leben! Wir haben unser Häuschen vor fünf Jahren selbst gebaut, wobei das Selberbauen bedeutete, dass mein Cousin Jack drei finnische Zimmerleute überwachte und Elektriker und Klempner anheuerte, während ich zuschaute und meine Meinung abgab. Das Häuschen ist jetzt unser Nest, unser Zufluchtsort. Meine Großeltern ließen sich nach dem Zweiten Weltkrieg als Erste in diesem Teil Ontarios, im Gebiet um den Simcoe-See, nieder. Ihr Häuschen war *wirklich* einfach – Schalungsbretter ohne Isolierung als Wände um einen steinernen Kamin, eine geschlossene Veranda rundum, kein Strom, kein Telefon. Aber die Zeiten ändern sich. Am Abend werde ich noch schnell im Kabelfernsehen schauen, ob für den nächsten Tag, wenn ich in meinem mit Schneereifen versehenen BMW ins städtische Leben zurückkehre, Eisregen zu erwarten ist.

Chris Czajkowski – was sich wie der Name des russischen Komponisten ausspricht – schrieb zwischen 1984 und 1985 erstmals an mein Programm bei CBC-Radio, *Morningside*. Damals war *Morningside* bereits zu dem geworden, was es heute ist, eine Art »Aushängeschild für das ländliche Leben in Kanada«. Die Leute schrieben und schreiben noch immer über alles Mögliche, nicht nur über Aktuelles im Zeitgeschehen (und im Programm), sondern auch über ihr Leben, ihre Kinder, ihre kleinen und großen Freuden und Sorgen. Kurz bevor ich von Chris hörte, hatte ich einige dieser Briefe in einer Anthologie zusammengefasst, die so erfolgreich war, dass sich der bis dahin bereits recht beachtliche Postberg, der jeden Morgen auf meinem Schreibtisch landete, nun täglich auf etwa hundert Briefe erhöht hatte. Doch selbst in dieser Lawine machte Chris' Schreiben durch seinen ehrlichen, bescheidenen, zurückhaltend lyrischen und meiner Meinung nach typisch kanadischen Ton sofort auf sich aufmerksam. Wir änderten überhaupt nichts am Text. Jim Handman, unser damaliger Spielleiter, schrieb eine Einführung, und Lorna Jackson, eine der erfahrensten Sprecherinnen unseres Senders, las den Brief im Radio vor. Und so begannen Chris und ich eine einseitige Korrespondenz, die sich im Lauf der Jahre zu einer der beliebtesten regelmäßigen Spezialitäten des Programms entwickelte und, wie sich später herausstellte, für die nachfolgenden Ausgaben von *The Morningside Papers* ein aufschlussreiches Kapitel lieferte.

Typisch kanadisch? Wir Kanadier haben, glaube ich, gemischte Gefühle, wenn es um die Landschaft um uns herum geht. Einerseits fürchten wir uns vor ihr. Sie ist unser Feind, wie es uns von der literaturkritischen Schule eingebläut worden ist, die uns das *Wacousta*-Syndrom (nach dem eponymen und rachsüchtigen Protagonisten eines unseres ersten Romane) aufgeschwätzt hat. Northrop Frye vertritt mit seiner viel sagenden »Garnisonsmentalität« beredt dieselbe Ansicht. Dabei steht die »Garnison« stellvertretend für unseren Versuch, uns von unserer Umgebung (und, wie Frye behauptet, auch von deren Ureinwohnern) abzuschirmen und der rauen Natur um uns herum den Rücken zu kehren, um, zumindest in den ganz frühen Tagen, ein kleines Stück Europa vor den tobenden Schneestürmen vor der Tür in Sicherheit zu bringen. Das tue ich auch jetzt in meinem gemütlichen, das ganze Jahr über bewohnbaren Ferienhäuschen. Andererseits ist da aber auch die Faszination des Landes, die einen Großteil unserer Literatur prägt. Da sind die Prärien von W. O. Mitchell, die Farm in Nova Scotia von Ernest Buckler und der unerbittliche Norden in Farley Mowats Werken. Dabei ist die Landschaft aber mehr als nur ein literarisches Symbol: Sie *ist* in uns – selbst in ihrer urtümlichsten Form. Selbst für all jene unter uns, die diese Landschaft nur allzu selten aufsuchen, lebt die Majestät des Nordens, dieses letzten Grenzlands, in unserem Bewusstsein fort und formt uns zu dem, was wir sind. Sie ist immer um und in uns. Wenn Chris Czajkowski, die, genau wie die Autoren von *Wacousta*, Susannah Moodie und Major John Richardson, aus Großbritannien stammt, und auf einer anderen Ebene Stephen Leacock, über die Landschaft schreibt, spricht sie uns damit aus der Seele.

Ich hätte es mir nie träumen lassen, dass ich es einmal so bequem haben würde. Als kleiner Junge hatte ich es den beiden

»jungen Wilden« in Ernest Thompson Setons *Two Little Sava-ges* nachgemacht, die bei ihren Spielen so genannte »Coups« einheimsten, und genau wie sie tauchte ich dann den Kiel von Möwenfedern in rote Farbe und trieb an kalten Winternach-mittagen mein imaginäres Hundeteam mit einem lauten »hüh« für links und »hott« für rechts den Gehsteig der Lans-downe Avenue in Galt im Südwesten Ontarios entlang. Holz-fäller wollte ich werden oder Trapper, die sich bei ihrer Arbeit auf ihren Verstand und ihre Kenntnis des Waldlands verließen, die die Fährten der Tiere lesen konnten und eins mit der Natur waren. Jetzt, ein halbes Jahrhundert später, frage ich mich, was denn aus diesen Träumen geworden ist.

Chris ist jünger als ich. Sie wuchs in England auf, wohin ihr Vater aus Polen geflüchtet war. Sie las dieselben Bücher wie ich und erträumte sich, wie mir scheint, auch dieselben Aben-teuer. Städte hatten nie einen Reiz für sie. Sie studierte Land-wirtschaft, ging zuerst nach Uganda, dann nach Australien und Neuseeland, wo sie sich ihr Geld als Melkerin und mit Gele-genheitsarbeiten verdiente und auch ein wenig zeichnete und malte. Sie war mit diesem Leben recht zufrieden und suchte sich dafür immer entlegenere Winkel der Erde aus. Als sie da-bei in Salmon Arm in British Columbia landete, schien ihr der Ort im Vergleich zu anderen Flecken dieser Welt viel zu hek-tisch, und sie zog sich schließlich an jenen Platz zurück, den sie in diesem Buch beschreibt.

Ich traf sie – zu guter Letzt – im Frühling 1990. Ihr Haus war als Ergebnis der auf diesen Seiten beschriebenen Arbeiten in-zwischen schon fertig gebaut, und sie hatte die Reise in den

Osten des Landes unternommen, um mit ihrem Verleger zu sprechen und eine Auszeichnung für ihren Beitrag in der Zeitschrift *Harrowsmith* bei den *National Magazine Awards* entgegenzunehmen. Sie kam in unser *Morningside*-Studio, und ich machte sie mit Lorna Jackson bekannt, die ihr jahrelang ihre Stimme geliehen hatte, und setzte sie dann vors Mikrofon. Ich sagte ihr, dass sie genauso war, wie ich sie mir vorgestellt hatte: schlank, fit und zurückhaltend. Sie freute sich, ein paar Leute kennen zu lernen, die ihre Briefe gelesen hatten, war aber offensichtlich auch recht froh, wieder nach Hause zurückzufahren, als sie alles erledigt hatte. Ich erzählte ihr im Radio, wie sehr ihre Realität meine eigenen Träume widerspiegelte und dass ich mir auch jetzt noch vorstellen könnte, mit ihr den Platz zu tauschen.

Ich fragte sie, ob sie Lust hätte, die Sendung *Morningside* für mich ein paar Tage lang zu präsentieren, während ich versuchte, in ihrem entlegenen Tal so zu leben, wie ich es mir ehemals erträumt hatte.

»Auf gar keinen Fall«, erwiderte sie mit ihrem ruhigen Lächeln.

Peter Gzowski
Januar 1991

Prolog

Es ist April, und auf der Passhöhe liegt Schnee. Ich bin schon seit Stunden über tiefe Furchen und Schlammlöcher in der Straße geholpert und steige nun erleichtert aus dem engen, muffigen Fahrerhaus des Kleinlasters in die reine, erfrischende Bergluft. Die buckligen Hügel und Wälder um mich herum liegen in wogender Stille vor mir.

An einer Felswand am Straßenrand ist ein ganzer Schilderwald angebracht: HECKMAN PASS, 1500 METER. STARKE STEIGUNG: 18 GRAD. LKW – BREMSEN PRÜFEN! SCHNEEKETTEN IMMER MITFÜHREN. LAWINENGEFAHR: NICHT ANHALTEN.

Im Gegensatz zu mir findet meine Hündin an diesem verlassenen Ort keine Botschaften und ist froh, wieder ins Fahrerhaus zu klettern. Sie sitzt auf einem Haufen meiner Habseligkeiten und kann nun direkt durch die Windschutzscheibe hinausschauen. Hinten im Wagen ist kein Platz für sie, denn der alte rote Kleinlaster ist mit meinem gesamten Besitz voll beladen. Ich starte den Motor, und wir mühen uns langsam den Hill hinunter.

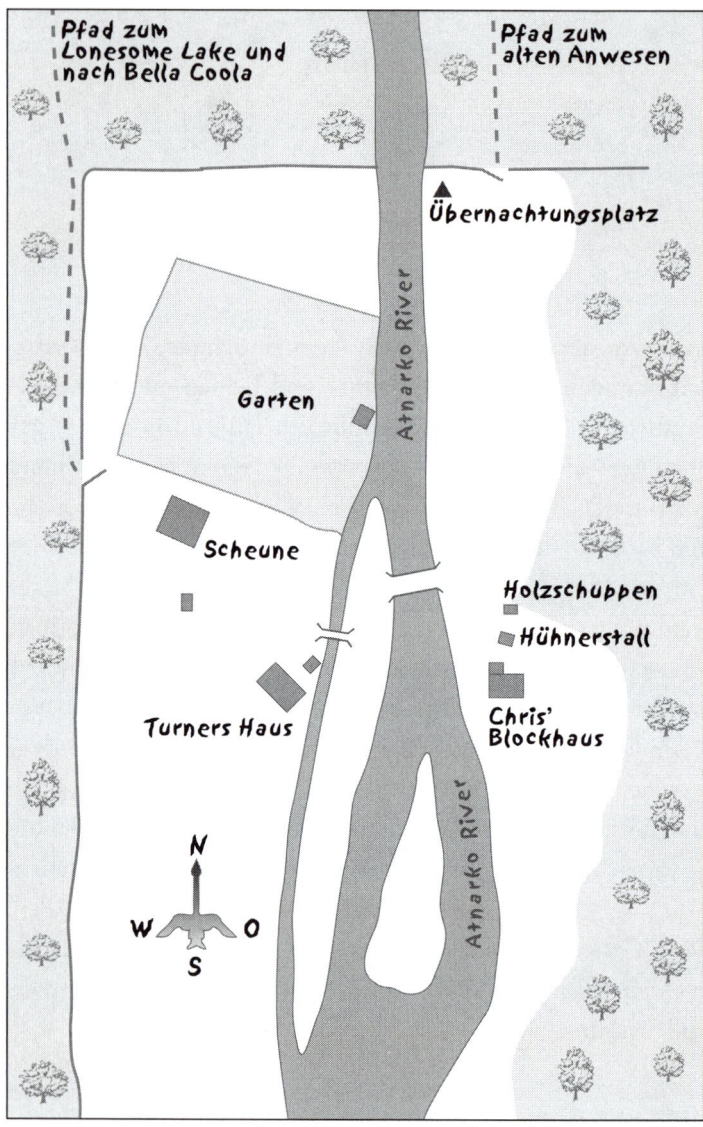

Der Singende Fluss

Ich sitze am Singenden Fluss und schaue ins seichte Wasser, das zu dieser Zeit des Wartens auf den Frühling ruhig und ein wenig träge ist. Zwischen Schlamm- und Sandbänken bahnt sich der Fluss etwas unsicher seinen Weg durchs Tal zum Meer. Er ist nicht immer so sanft, der Fluss, aber Schnee und Winterkälte halten das Oberflächenwasser noch in den umliegenden Bergen fest. Nur die unterirdischen Ströme, die immer fließen, sickern durch Gestein und Gletscherkies, bevor sie unterhalb der Baumgrenze hervorquellen und dann über die steilen, grün bewaldeten Felswände des Atnarko-Tals rieseln. Flussaufwärts von mir gebietet eine mit Birken und wintergrauen Erlen dicht bewachsene kleine Insel dem Fluss Einhalt und teilt ihn in zwei widerspenstige Arme, die sich im tieferen Wasser zu meinen Füßen wieder vereinen. Am gegenüberliegenden Ufer ragen drei Pappeln aus dem Gestrüpp des Unterholzes und umrahmen mit ihrem leeren Geäst die gebeugten Schultern eines in seiner weißen Schneehülle ausdruckslos dastehenden Berges.

Wie so viele, die an einem Wendepunkt in ihrem Leben angekommen sind, fragte auch ich mich nun, ob ich wohl die richtige Entscheidung getroffen habe. Man hatte mir die Möglichkeit gegeben, an dieser Stelle inmitten des Küstengebirges von British Columbia, die dreiundvierzig Kilometer von der nächsten Straße und hundertfünfzig Kilometer vom nächsten Laden entfernt ist, ein Blockhaus zu bauen. Damit ist für mich ein Traum Wirklichkeit geworden, aber ich bin mir nicht sicher, ob ich diesen Traum nun auch in die Tat umsetzen soll.

Eigenartigerweise hatte mich meine Kindheit am Rand eines nichts sagenden englischen Dorfes recht gut auf mein jetziges Vorhaben vorbereitet. Mein Vater war ein polnischer Kriegsflüchtling, der in seiner neuen Heimat Möbel baute und Antiquitäten restaurierte. Als Kind spielte ich mit den dünnen, gelockten Spänen, die in duftenden Haufen unter den Hobelbänken lagen, und später mit den Werkzeugen meines Vaters. Auch meine Mutter war kreativ veranlagt, und ich lernte recht bald, dass wir fast alles, was wir brauchten, selber machen konnten.

Meine Eltern hatten keinen gesellschaftlichen Verkehr, und ich wurde zur Einzelgängerin. Ich streunte stundenlang in den einsamen Wäldern und Feldern hinter unserem Haus umher, und als sich mein Horizont erweitert hatte, wurden diese Ausflüge schließlich zu zweiwöchigen, einsamen Wanderungen in den Bergen von Neuseeland, in den Anden und auf dem baumlosen, windigen Grasland der Falkland-Inseln, wo es keine Straßen gab. Ich bin aber keineswegs eine Einsiedlerin, sondern gern unter Leuten, aber auch gern wieder allein. Nicht nur allein in einem Raum oder ein paar Stunden lang am Strand, sondern wirklich allein, tage- und meilenweit vom nächsten Menschen entfernt. Diese Einsamkeit ist eine berauschende

Erfahrung, die die Sinne schärft und die Gedanken vertieft. Erst in der Einsamkeit kann ich wirklich ich selbst sein.

Ich bin freilich nicht allein, wenn ich mein Blockhaus hier bauen werde, denn ohne Hilfe wüsste ich gar nicht, wo ich überhaupt anfangen sollte. Nach einem Stammesältesten der Bella Coola bedeutet Atnarko so viel wie »der Ort, wo die Menschen sind«. Wahrscheinlich betraf das aber eher den unteren Abschnitt des Flussgebiets, wo die Ureinwohner je nach Jahreszeit Wald- und Feldfrüchte und Zedernrinde gesammelt haben. Die Stelle ist auch für mich geeignet. Hinter dem Gestrüpp des Unterholzes, aus dem die drei Pappeln sprießen, liegt eine etwa acht Hektar große Lichtung, ein Stück zahmen Graslands, das sich wie ein Keil zwischen den Fluss und den Wall der umgebenden Wälder schiebt. Darauf stehen eine gut erhaltene Scheune mit einem steilen Dach, etliche Nebengebäude und ein sauberes, verwittertes Blockhaus. Die Lichtung und die Gebäude darauf sind das Werk von Jack und Trudy Turner, die seit vierunddreißig Jahren hier in aller Stille leben.

Trudy Turner, eine geborene Edwards, hat aber schon viel länger hier gewohnt. Sie ist drei Kilometer weiter flussabwärts aufgewachsen, an einer Stelle, wo der Atnarko in den Lonesome Lake fließt, einen langen S-förmigen See, dem ihr Vater seinen Namen gab, als er hier 1912 Land für eine Heimstätte mit Beschlag belegte. Er war mit dem Schiff nach Bella Coola gekommen, ist dann das Tal bis Firvale (wo die Straße damals aufhörte) hinaufgefahren und dem Atnarko River bis zum ersten noch nicht beanspruchten Stück Land gefolgt, das sich für die landwirtschaftliche Nutzung eignete. Ralph Edwards war ein findiger Mann, der keinen Grund sah, sich von etwas abhalten zu lassen, nur weil die Leute sagten, dass es nicht möglich wäre. Zu seinen zahlreichen bemerkenswerten Leistungen zählt der Bau eines wasserbetriebenen Sägewerks mehr als sechzig Kilometer von der nächsten Straße entfernt. Noch bemerkenswerter ist aber die Tatsache, dass er sich seine gesamten Kenntnisse aus Büchern holte, die er sich zum nächsten Postamt schicken ließ und dann mit dem Pferd oder im Rucksack heimbrachte.

Ralph und seine Frau hatten drei Kinder. Die beiden Söhne arbeiteten eine Zeit lang von zu Hause weg, aber Trudys sehnlichster Wunsch war es immer, ein eigenes Heim zu haben. Das nächste Stück Land mit einem geeigneten Boden lag drei Kilometer flussaufwärts vom Anwesen ihrer Eltern. Sie hatte schon das Blockhaus gebaut, um ihren Anspruch anzumelden, und mit dem Roden begonnen, durch das sie schließlich das Eigentum am Land erwerben würde, als Jack Turner auf derselben Route wie ihr Vater durch das Tal gezogen kam und ihr direkt in die Arme lief.

Für meinen ersten Besuch bei den Turners war ich mit dem Flugzeug auf den Lonesome Lake geflogen. Ich hatte damals erst zwei Jahre in Kanada verbracht und arbeitete als Melkerin auf einer großen Milchwirtschaft unweit von Salmon Arm im südlichen British Columbia. Meine Nachbarn lachten mich aus, als ich ihnen sagte, dass mir die Gegend von Salmon Arm zu übervölkert sei. Viele von ihnen waren aus Vancouver und Calgary gekommen und fanden das Leben in der Stadt recht lässig und ländlich. Ich dagegen hatte noch nie in einem so

dicht besiedelten Ort gelebt und konnte das unaufhörliche Dröhnen der Autos auf dem Trans-Canada Highway, das Kreischen und Ächzen der kilometerlangen Züge beim Überwinden der Steigung unweit von der Farm und die zunehmende Ausbreitung der Stadt um die Ufer des Shuswap Lake kaum ertragen. Dazu war ich nicht nach Kanada gekommen.

Eines Tages nahm ich mir eine Straßenkarte der Provinz vor. Eine gepunktete gelbe Linie, die eine Kiesstraße anzeigte, verlief über fast fünfhundert Kilometer in westlicher Richtung vom Williams Lake bis Bella Coola an der Küste. Da es entlang der Straße nur wenige Ortsnamen gab, schien mir die Gegend erforschenswert. Es war ein glücklicher Zufall, dass ein Nachbar in Salmon Arm die Turners kannte. Außerdem hatte er für sie einen von Pferden gezogenen Heuwender besorgt, mit dem man das Heu schneller trocknen konnte. (Jack und Trudy hatten das Heu bis dahin von Hand gewendet.) Die einzige Möglichkeit, diesen Heuwender zu den Turners zu transportieren, bestand darin, ihn mit dem Wagen zum Nimpo Lake zu bringen, was etwa zwei Drittel der gelb gepunkteten Strecke westlich vom Williams Lake ausmachte, und ihn dann mit dem Schwimmerflugzeug auf den Lonesome Lake einzufliegen. Der Heuwender passte genau in den Laderaum meines alten Lasters. Als Gegenleistung für den Transport boten mir die Turners, mit denen ich zu diesem Zeitpunkt bereits korrespondierte, den Flug an.

Wenn man auf dem Highway 20 vom Williams Lake nach Westen fährt, merkt man kaum, wie man langsam an Höhe gewinnt. Die Berge säumen, wenn sie sichtbar sind, in ziemlicher Ferne den westlichen und südlichen Horizont. Selbst als wir auf sie zuflogen und dabei über die zackigen Gipfel der Drehkiefern glitten, die in dichten Beständen die innere Hochebene bedecken, schienen die Berge nicht an Größe zu gewinnen. Doch plötzlich verloren wir den Boden unter uns, und das Flugzeug hing über einem gähnenden Abgrund – einem tiefen, von Norden nach Süden verlaufenden Riss in der Erde, der uns zwischen steil abfallenden Felswänden nach unten sog – bis wir schließlich kreisend an Höhe verloren und zischend auf dem ruhigen See unter uns aufsetzten.

Natürlich verliebte ich mich sofort in die Gegend, die riesigen Bäume am Ufer, den tosenden, funkelnden Fluss, die majestätischen Berge, die Blumen, das Heumachen mit Pferdestärke (das so viel angenehmer war als die rauchige, lärmende und zermürbende Arbeit mit Traktor und Ballenpresse, die ich bisher schon so oft verrichtet hatte), die dramatischen Sommergewitter, den Vielfraß, der im Fluss daherschwamm (eine Marderart, die ich sonst noch nie und seither auch nie mehr gesehen habe), und die Wanderung durchs Tal zur Straße.

Nach meinem zweiten Besuch, als ich im Winter zehn Tage allein dort verbrachte und mich um die Tiere kümmerte, während die Turners geschäftlich unterwegs waren, fragten mich Jack und Trudy, ob ich Lust hätte, auf ihrem Land zu bauen. Das Angebot machte mich völlig sprachlos. Die Turners hatten mir einen so genügsamen Eindruck gemacht, dass ich mir nie erträumt hätte, dass sie irgendjemand anderen im Tal haben wollten.

Aber die Zeiten und der Fluss hatten sich geändert. Als in den fünfziger Jahren schließlich eine Straße gebaut worden war, die Bella Coola mit dem Rest der Provinz verband, wich sie vom ursprünglichen Saumpfad und dem Atnarko River ab. Andere Siedler im oberen Talabschnitt, zu denen auch Trudys Eltern gehört hatten, waren gestorben oder weggezogen, und niemand hatte ihren Platz eingenommen. Eines der besten Stücke Land fiel den Fluten des Goat Creek zum Opfer, als dieser im Herbst 1936 tobend über die Ufer trat, das Tal mit riesigen Felsblöcken versperrte und über natürlichem Grasland, auf dem auch drei Blockhäuser standen, einen seichten See bildete. 1956 wurden die Grenzen des Tweedsmuir-Provinzparks nach Süden ausgeweitet und umfassten nun auch das Anwesen der Turners, was bedeutete, dass sich niemand mehr in ihrer Nähe ansiedeln konnte. Als schließlich auch ihre Tochter Susan von zu Hause weggezogen war, wurde Jack und Trudy bewusst, dass sie noch nie so weit von ihren nächsten Nachbarn entfernt gewesen waren und dass es vielleicht besser wäre, wenn jemand für Notfälle in ihrer Nähe wohnte.

Das Angebot schien mir fast zu gut zu sein, und angesichts dieser einmaligen Gelegenheit musste ich mir nun wirklich die Frage stellen, ob die Realität wohl an den Traum heranreichen würde. Ich ging zurück nach Salmon Arm in meine Alltagswelt, um mir das Ganze gründlich zu überlegen. Das war vor über einem Jahr, und obwohl ich inzwischen schon Anstalten getroffen habe, einen Strich unter mein altes Leben zu ziehen und mich auf mein neues vorzubereiten, bin ich mir immer noch nicht sicher, ob ich die Sache auch wirklich in Angriff nehmen werde. Zum Aussteigen ist immer noch Zeit.

Die Entscheidung

Ich hätte meinen ganzen Kram an der Flugbasis am Nimpo Lake, achtzig Kilometer von der Passhöhe, lassen können, denn das meiste davon musste genau wie der Heuwender eingeflogen werden, aber im Gegensatz zum Lonesome Lake, der im April schon eisfrei ist, ist der Nimpo Lake, der viel höher liegt, noch immer zugefroren. Das kann bis in den Mai hinein andauern, und bis dahin ist die Flugbasis geschlossen. Deshalb fuhren mein Hund und ich nun mit einem Teil unserer Habe über den Heckman Pass ins Bella-Coola-Tal hinunter.

Die Fahrt ins Tal unterscheidet sich dabei in gewisser Weise kaum vom Fliegen, denn über die Kühlerhaube des Wagens hinweg sieht man zumeist auch nur ins Leere. Die Straße selbst ist nicht viel mehr als ein besserer Saumpfad, den Geschäftsleute aus den umliegenden Siedlungen, die ihre Zeit und ihre Planierraupen zur Verfügung stellten, zu beiden Seiten des Passes angelegt hatten, als sich die Regierung weigerte, die Arbeit zu übernehmen. Die Haarnadelkurven ziehen sich langsam den Steilhang hinunter, und obwohl die Straße im Lauf der Jahre immer wieder verbessert worden ist, gibt es darauf noch immer Steilstücke mit Steigungen von bis zu achtzehn Grad, viele Abschnitte, die nur von einem Fahrzeug zu befahren sind, und über den bröckelnden, unebenen Straßenrand hinweg herrscht gähnende Leere. Mühsam windet sich der Weg, wie es scheint, direkt ins Erdinnere hinein, denn bei der Abfahrt erheben sich zu beiden Seiten steile Felswände, die jegliche Sicht auf den Himmel über uns versperren. Und im April ist es auch eine Art Zeitreise, denn in den Höhen bedeckt Schnee das Land, und der Winter hat den stillen, fast baumlosen Pass noch fest in der Hand, während tausend Meter darunter der Frühling bereits Einzug gehalten hat.

Dort verschwindet die Straße in den Bäumen, und die Luft ist geschwängert vom Duft der Balsamtannen. Föhren strecken uns ihre knorrigen Äste entgegen, und an den mit Geröll übersäten Ufern des brausenden Atnarko halten Zedern auf massiven roten Stämmen mit ihren ausladenden Zweigen Wache. Um die Gipfel ballen sich Wolken, brechen auf, und ballen sich erneut zusammen. Von überhängenden Felssimsen donnern Lawinen in die Tiefe, und über steil aufragende Felswände strömt das Wasser in schäumenden Sturzbächen herab.

Am Fuß des Hills angelangt führt der Highway, der über die letzten achtzig Kilometer nun zweispurig verläuft und bequem asphaltiert ist, bis Bella Coola im Westen. Ich biege mit meinem voll beladenen Wagen aber auf einen Transportweg ab und bahne mir ratternd und schlingernd einen Weg, so weit es geht – zu dieser Jahreszeit etwa elf Kilometer weit. Unter unserer holprigen Fahrbahn erstreckt sich schillernd der Fluss, Adler schweben um die zerklüfteten Klippen über uns, und Maultierhirsche springen durch den kaputten Zaun eines aufgelassenen Anwesens und hinterlassen auf dem durchhängenden rostigen Drahtgeflecht ganze Büschel ihres Fells.

Die Fahrt vom Highway dauert eine Stunde. Danach ist es eine Wohltat, die betäubende Enge des Fahrerhauses gegen die vom Tosen des Flusses erfüllte Wildnis einzutauschen. Endlich kann ich langsam und für mich allein wieder Kontakt zum Boden gewinnen. Ich kann die Bäume mit ihren rauen Rinden und das Gefühl der Felsen unter meinen Stiefeln genießen. Ich kann dem Gesang des Flusses lauschen. Ich habe schon so manche Wildnis in verschiedenen Teilen der Welt kennen gelernt, aber wie fremd sie mir anfangs auch schien, ihrem Rhythmus habe ich mich immer gleich angepasst, und ihre Wunder und Verworrenheiten hatten sofort Sinn für mich.

Das ist die Route, die ich für gewöhnlich vom und zum Lonesome Lake nehmen werde, denn ich habe nicht vor, regelmäßig zu fliegen. Ich möchte aber mindestens einmal im Monat die Post abholen. Ich hasse Fliegen, doch es gibt noch viele andere Gründe, weshalb es für mich nicht in Frage kommt, ein Flugzeug zu chartern. Allen voran sind da die Kosten. Das Geld zum Einfliegen meiner Fracht werde ich auftreiben müssen, aber ich kann es mir wirklich nicht leisten, hundert Dollar für einen Flug für mich und meinen Hund auszugeben. Und es wäre auch keine Lösung, die eine Strecke zu fliegen und die andere zu Fuß zu gehen, denn der kürzeste Weg zwischen dem Lonesome Lake und dem Nimpo Lake ist für einen Fußmarsch zu unwegsam, und ich müsste mich daher an das Atnarko-Tal halten. Aber die Stelle, wo es auf die Straße mündet, ist über hundert Kilometer von der Flugbasis entfernt.

Mein Rucksack schmiegt sich bequem an mein Kreuz, und meine Hündin, eine ergraute, struppige, mittelgroße Straßenmischung, ist über die Aussicht auf einen Spaziergang hocherfreut. Ich marschiere über eine kleine Brücke und beginne unsere Wanderung auf einem Pfad, der ursprünglich von Ralph Edwards angelegt worden ist und jetzt von den Wegwärtern des Provinzparks erhalten wird. Lang werde ich nicht darauf verbleiben können, denn er führt bald aus dem Tal hinaus und zu einem Aussichtspunkt, von dem der Wanderer einen herrlichen Ausblick auf die Hunlen Falls hat – eine der Sehenswürdigkeiten des Naturparks. Fünf Kilometer weit kann ich aber auf dem Pfad bleiben, der über Klippen hinauf- und dann wieder durch dichte Zedernwälder hinunterführt, bis ich schließlich am Ufer des Stillwater angelangt bin.

Das ist der See, der ehemals Wiesenland war. Eine Reihe gebleichter Stämme und schwarzer Baumstümpfe ist alles, was von den Pappeln übrig ist, die ehemals das Flussufer säumten. Der Pfad, den die Siedler angelegt hatten, verschwand genau wie die Wiesen und Blockhütten in den Fluten, und da die Ufer des Sees zu steil waren, wurde die Fracht nun mit dem Floß transportiert. Ebenso die Pferde und ihr Heu, das mitgebracht werden musste, da es auf diesem Abschnitt kein Futter für sie gibt. Das Verpacken der Transportgüter war so aufwändig und Zeit raubend, dass alle die Eröffnung der Flugbasis in Nimpo mit großer Erleichterung begrüßten. Die Turners haben hier noch immer ein Boot, mit dem sie mich bei meinem ersten Besuch über den See gebracht haben, aber jetzt bin ich allein und zu Fuß unterwegs. Ich muss über Steinhalden das Ufer entlangklettern und durch Sumpf und Morast waten, während mich Heckenrosen zerkratzen und Weidenzweige gegen mein Gesicht und meinen Rucksack schlagen.

Aufwärts vom Stillwater teilt sich der Fluss in mehrere gewundene Arme, die durch dunkle Zedernwälder sprudeln. Die Landschaft erinnert in ihrer grünen Düsterheit an die Werke der kanadischen Künstlerin und Schriftstellerin Emily Carr. Es ist ein Ort, wo im Sommer die Mücken plagen und im Herbst die Grizzlybären umherstreifen. Die gerippten, mächtigen Stämme der blassen Pappeln ragen ins dichte Blätterdach, und an den Ufern der sumpfigen Bäche windet sich Teufelskeule wie eine stachelige Schlangenbrut. An manchen Stellen sind noch Überreste des ehemaligen Siedlerpfads sichtbar, da er aber kaum benutzt wird, wird er auch nicht mehr erhalten. Windbruch liegt in einem wilden Durcheinander darauf verstreut, und ein Großteil der ursprünglichen Route wurde auch von den Kapricen des Flusses ausgelöscht. Der Weg endet ganz plötzlich an einer ausgewaschenen Rinne, die noch immer etwa einen Kilometer vom Ufer des Lonesome Lake entfernt ist, wo dieser den Schwemmkegel unter den Hunlen Falls überschneidet.

Der Hunlen Creek ist ein Nebenfluss des Atnarko. Er entspringt einer Bergkette, die eine im Westen gelegene Hochebene umringt, verbindet sieben Seen miteinander, und bevor er sich dem Atnarko nähert, stürzt er in einem tosenden Strom über eine dreihundert Meter hohe Felswand und landet in gischtigen Schwaden am Fuß eines steilen, zerklüfteten Cañons. Im Lauf der Jahrhunderte hat sich Gestein tonnenweise von diesem Cañon gelöst und den Atnarko eingedämmt; so ist der Lonesome Lake entstanden.

Von der Rinne, die den Pfad unterbricht, kann ich nur den oberen Teil des Wasserfalls, eine glatte, schmale Wassersäule erspähen, die geheimnisvoll hinter einem Vorsprung im Cañon verschwindet. Der Aussichtspunkt für die Touristen, der den eindrucksvollsten Höhepunkt des Naturpfads bildet, auf dem ich meine Wanderung begonnen habe, befindet sich im oberen Teil des Wasserfalls. Nur wenige Leute kommen unten vorbei, denn der Bach, der sich zwischen den aufragenden, gekrümmten Wänden des Cañons durchzwängt, kann nur zu Zeiten besonderer Trockenheit überquert werden. Sobald sich das Wasser aber nach dem Aufprall über den Schwemmkegel ergossen hat, versickert das meiste davon, und im April rieselt nur ein schmales Band klaren Wassers über das zerborstene, gefleckte Granitgestein der tiefen Wasserrinne. Das Chaos, das mich auf dem nächsten Kilometer meiner Wanderung erwartet – die klaffenden Auswaschungen und abgetriebene Gesteinsblöcke, aus denen mitgerissene Bäume ragen, deren Stämme von den Felsen und der Wucht des Wassers abgesplittert und ausgehöhlt sind –, beweist nur allzu deutlich, dass dieser so sanft anmutende Bach zu Zeiten mit solcher Gewalt anschwillt, dass er tatsächlich Berge versetzen kann. Bei jedem Hochwasser werden neue Kanäle gegraben und neue Barrieren aufgetürmt, und der ganze Boden bebt, bis das Wasser wieder zurückgeht.

Ich bahne mir einen Weg durch Felsblöcke und verwitterte Wurzelstöcke und stehe ganz plötzlich am Ufer des Lonesome Lake. Genau wie der Stillwater füllt er die ganze Talenge, so dass die steilen Felsklippen an den Ufern direkt ins Wasser abfallen. Der Tag neigt sich dem Ende zu. Hinter dem Cañon versinkt die Sonne, und die abendlichen Schatten erstrecken sich immer weiter über die Ostseite des Tales hinauf.

Ich habe noch eine Strecke von sechzehn Kilometern um die steil abfallende Küste des Lonesome Lake vor mir. Ich weiß, dass es einen Pfad gibt, aber ich habe ihn noch nicht gefunden. Als ich das letzte Mal hier unterwegs war, hatten mich die Turners mit dem Boot über den See gefahren. Der Fußweg war ursprünglich für Notfälle angelegt worden, wenn der See gerade am Zufrieren oder Auftauen war und nicht befahren werden konnte. Für ein beladenes Pferd war der Weg unpassierbar, wenn es aber keine Lasten trug, konnte man es unter Umständen mit gutem Zureden dazu bewegen, den Pfad entlangzugehen, vorausgesetzt man hatte eine Axt bei sich, mit der man den Windbruch aus dem Weg räumen und eine neue Route um die Auswaschungen anlegen konnte. Zu dieser späten Stunde wird sich der Weg nur schwer verfolgen lassen, und da es an den steil abfallenden Talseiten keine geeigneten Stellen zum Kampieren gibt, ist es sicher angebracht, hier, wo sich der See verengt und sein Wasser wie einen glatten Spiegel über den ersten Gesteinsbrocken des Schwemmkegels ausbreitet, Halt zu machen. Auch Holz, Wasser und ein Platz für eine sichere Feuerstelle sind leicht zu finden.

Ich sitze neben einer Pappel, deren Stamm sich durch einen kniehohen Geröllhaufen zwängt, und beobachte, wie sich der Wind legt und die Wasseroberfläche ruhig wird. Im letzten Licht der Sonne wirken die sanften Umrisse der schneebedeckten Berge wie ein aufgetakeltes Segelschiff am anderen Ende des Sees, das zuerst golden, dann orangefarben und schließlich rosa zu mir herüberschimmert. Der Rauch meines kleinen Feuers schwebt wie ein blaues Gespenst im starren Geäst des Baums. Ich breite meinen Schlafsack aus und schaue auf die Gestirne über mir, während kleine Geschöpfe verstohlen durch den Laubteppich des Vorjahrs unter und neben mir kriechen.

Der Pfad um den Lonesome Lake, der an den Klippen entlang und über viele zerklüftete Stellen führt, ist nicht schwer zu finden, denn er wird auch von Bären und Elchen ausgetreten. (Sicher hatte auch Ralph Edwards, der ihn angelegt hat, nach Möglichkeit bereits vorhandene Wildwechsel dafür verwendet.) Oft verliere ich den Pfad aber doch, vor allem wenn ich durch vom Wind beschädigte Baumbestände komme, wo er unter altem Laub und abgebrochenem Astwerk verschwunden ist. Dann quäle ich mich eine Zeit lang durch dichtes Gestrüpp und über Geröllhalden, bis ich ihn wieder finde. Die letzte Meile um den See ist etwas einfacher, da ich hier eine Lagune umgehen muss. Es ist eine mit Unkraut bewachsene, seichte Stelle, die vom eigentlichen See durch ein Reihe Weiden, die den Flusskanal säumen, fast abgetrennt wird. Am Fußende ist die Lagune am tiefsten. Dort haben die Turners aus Baumstämmen einen einfachen Kai gebaut, auf dem das Flugzeug mit meiner Fracht landen wird.

Als ich am oberen Ende der Lagune schließlich den Pfad zu den Turners betrete, kommt es mir vor, als ob ich von einem Waldweg auf eine Autobahn gekommen wäre. Nach drei Kilometern endet der Wald in einem Gewirr verkohlter Baumstümpfe und einem zwei Meter hohen Zaun mit eng aneinander liegenden Balken. Dieser Zaun, den die Turners um ihr Anwesen errichtet haben, soll das Wild, wenn es im Frühjahr von den Bergen herunterkommt, daran hindern, sich an ihren sorgsam gehegten Heuwiesen gütlich zu tun. Die der Natur so mühsam abgerungene Lichtung ist einfach zu kostbar, um sie mit den Tieren der Wildnis zu teilen.

Das Haus selbst ist unter der kleinen Gruppe verwitterter Gebäude leicht zu erkennen, denn es hat als einziges einen Kamin, aus dem Rauchwölkchen steigen. Ich stoße das schwere Gatter auf, das mit seinen selbst gemachten Angeln aus Birkengabeln erbärmlich quietscht, und gehe über die Lichtung auf das Haus zu. Ich bin seit eineinhalb Tagen unterwegs, habe dreißig Kilometer zu Fuß zurückgelegt und komme gerade rechtzeitig zum Mittagessen an.

Jetzt sitze ich hier am späten Nachmittag auf einem Baumstumpf beim Singenden Fluss, an einer Stelle, wo vielleicht meine Veranda sein wird, und schaue aufs Wasser, das ruhig und ein wenig träge zwischen den Schlamm- und Sandbänken dahintreibt. Auf meinem Weg aus dem Tal herauf habe ich den Frühling wieder hinter mir gelassen. Hier sind die Knospen an den Erlen noch fest geschlossen, und der Tag hat seinen Glanz verloren. Ich versuche, mir hinter meinem Rücken auf dem schmalen Stück Land zwischen Fluss und Tal ein Haus vorzustellen, aber die Stelle, die mit riesigen Tannen und einem Gewirr von Unterholz und Windbruch bedeckt ist, sieht eher beängstigend aus. Ich habe noch nie ein Haus gebaut, noch nie einen Baum gefällt und habe auch kaum Erfahrungen mit einer Kettensäge. Ich weiß, dass es Schwierigkeiten geben wird, die ich mir jetzt noch gar nicht vorstellen kann. Und die praktischen Probleme, die das Leben so weit von einer Straße entfernt mit sich bringen wird, kann ich noch gar nicht ermessen. Wie werde ich die Stämme über den Boden transportieren? Und wie stelle ich sie dann auf? Wie schaffe ich es, so weit vom Rest der Welt entfernt zu leben? Wie werde ich mit meinen Nachbarn auskommen? Und wie verdiene ich mir meinen Unterhalt?

Ich schaue auf die fest gefügten Blockhäuser der Turners am anderen Flussufer, auf ihre Scheune mit dem steilen Dach, die viel höher ist als das Häuschen, das ich für mich plane. Und ich denke an die Pioniere vor mir, die diese Wildnis mit weit weniger Hilfsmitteln, als mir zur Verfügung stehen, in Angriff genommen haben. Ich habe hier die Chance meines Lebens vor mir, und ich wäre ein Narr, sie nicht zu nutzen. Wenn andere es geschafft haben, dann wird es doch sicher auch mir gelingen.

Mit dem Hausrat unterwegs

Mit einem lautem Dröhnen taucht die orangefarbene Beaver-Maschine plötzlich über dem östlichen Rand des Tales auf. Während das Flugzeug zwischen den Talseiten nach unten kreist, sehe ich unter den Flügeln etwas Grünes aufblitzen und weiß, dass mein Kanu an einem der Schwimmbretter befestigt ist. Ich werde es brauchen, wenn ich Lasten zum oberen Ende der Lagune transportieren muss, und es wird auch meine diversen Exkursionen durchs Tal wesentlich erleichtern.

Die Maschine beschreibt einen weißen Gischtbogen und gleitet über die Lagune langsam auf den Kai zu. Während ich die Schleppseile an den Klampen festbinde, klettert der Pilot auf das freie Schwimmbrett und holt die schweren, mit Werkzeug, Lebensmitteln, Töpfen und Pfannen beladenen Kisten sowie Planen und Heizölkanister aus dem Flugzeugrumpf, die er mir nacheinander reicht. Zuletzt duckt er sich unter den Propeller, löst das Boot und lässt es mit einem lauten Plumps ins Wasser fallen.

Auch das Kanufahren ist etwas, das ich in meinem ganzen Leben noch nie gemacht habe. Das Boot, das mir an Land so schwer und unhandlich vorgekommen ist, scheint mir plötzlich leicht wie eine Feder zu sein und einen eigenen Willen entwickelt zu haben. Ich brauche nur ein wenig daran zu ziehen, und schon landet es gefügig zu meinen Füßen. Doch dann kommt aus dem Nichts plötzlich ein frischer Wind auf, und als die Maschine dröhnend fortfliegt, tanzt mein Schiffchen wie eine Eintagsfliege auf dem Wasser herum. Wie gelangt man denn nur in das Ding, ohne dabei umzukippen? Ich ziehe es an den Kai heran und stelle zögernd einen Fuß auf seinen Boden. Sofort entsteht zwischen meinen Beinen ein breiter Spalt, und ich hüpfe gleich wieder ans feste Land. Ein erneuter Versuch hat denselben Ausgang. Das kann doch nicht an mir liegen? Könnte vielleicht der Wind die Ursache sein?

Ich ziehe das Kanu aus dem Wasser und gestehe mir schuldbewusst ein, dass der Grund ganz einfach Feigheit ist. Dann stecke ich die Plane und einen Karton mit Lebensmitteln in den Rucksack und marschiere heim.

Der nächste Tag erstrahlt in taufrischem Frühlingsgrün, und die Lagune liegt gläsern glänzend vor mir. Die Wasserflut von der Schneeschmelze aus den umliegenden Bergen hat schon fast ihren Höhepunkt erreicht. Flüsse und Bäche tosen mit weißen Gischtkämmen ins Tal. Die Lagune ist seit meinem letzten Besuch im April um mehr als einen halben Meter angestiegen. Wasser umspült die Wurzeln der Weiden in den kleinen Ausbuchtungen am Ufer, und das sumpfige Grasland ist überschwemmt. Ich höre ein schwaches Plätschern und blinzle übers Wasser in die Sonne. Auf der anderen Seite der Lagune zeichnen sich bei den Weiden am Flussufer gegen die blau beschatteten Berge drei grasende Elche ab. Glitzernd sprüht Wasser auf, als sie über eine seichte Stelle waten. Die seltsam gegliederten, fast mechanisch wirkenden Geschöpfe sind völlig entspannt und eins mit ihrer Umgebung. Aufgeregt schlägt mein Herz höher, das ist schließlich der Grund, weshalb ich hier bin, an einem der wenigen Orte dieser Erde, wo riesige wilde Kreaturen noch in freier Natur herumstreifen können. Welch Privileg, ein Teil dieser ursprünglichen Welt sein zu dürfen.

Ich setze das Kanu aufs Wasser, wo es unschuldig neben dem Kai schaukelt. Ganz vorsichtig lasse ich mich hineingleiten und lande auf meinen Knien, wie ich es einmal auf einer Buchillustration gesehen habe. Sanft stoße ich mich vom Kai ab. Kaum ist meine Bindung zum festen Land gelöst, entgleite ich schlagartig in eine neue, magische Welt, die mir bisher völlig unbekannt war. Ein Zug am Ruder lässt das Kanu über die Wasseroberfläche fliegen. Ja, es ist wirklich wie Fliegen, als würde ich mit dem Flugdrachen über den steil abfallenden Abgründen der im Wasser gespiegelten Felswände schweben. Mein Boot gleitet zwischen der echten und der verkehrten Welt dahin. Unter dem Rumpf treiben Wasserpflanzen in Schwaden auf mich zu. In ihren schattigen Hainen lauern nadeldünne Colorado-Squawfische und Lumpenfische mit geschürzten Mäulern, die wie Saugnäpfe vorstehen. Ein Windstoß löscht plötzlich die Spiegelwelt unter mir, kleine Wellen schlagen gegen den dünnen Fiberglasrumpf meines Boots, und in den Tiefen flimmert Sonnenlicht bebend über den sandigen Boden.

Mein Hund, der in panischer Angst am Ufer bellend hin und her gelaufen ist (denn alles Feuchte erfüllt ihn mit absolutem Grauen), ist über meine unversehrte Rückkehr zum Kai hoch erfreut. Als ich ihn in den Bug springen lasse, rollt er sich zusammen und schläft prompt ein. Zu einer Zeit derartiger Offenbarungen hätte ich mir wahrlich einen gefühlvolleren Gefährten gewünscht.

Mit dem Kanu transportiere ich meine gesamte Fracht vom Kai bis zum oberen Ende der Lagune, und die Turners bringen Lucky herunter, damit wir es auch den Rest des Weges bis zum Haus noch schaffen. Lucky ist ein großes braunes Pferd mit einem unerschütterlichen Gemüt und riesigen Hufen. Resigniert steht er mit dem Gestell des Packsattels auf seinem knochigen Rücken neben meiner aufgetürmten Habe. Dann ziehen die Turners die Säcke und Kisten mit einem Gewirr aus Seilen auf den Sattel und decken das Ganze mit einer Plane ab.

Wir sind ein seltsamer Zug, der sich da den Hang über dem See hinaufwindet. Jack geht allen voran, mit einem Ballen rosa Isoliermaterial, der auf seinem Tragholz hin und her wackelt. Als nächstes kommt Trudy mit einer dicken Rolle grünen Schaumstoffs und zwei gelben Eisenstangen, die zu einem Schubkarren gehören und die hinter ihrem Kopf wie Hörner vorstehen und ihr das Aussehen einer Schnecke verleihen. Sie hat Lucky mit seiner unförmigen Last am Halter. Ich bilde die Nachhut, und mein Ausblick beschränkt sich dabei auf zwei wuchtige Hinterbacken und tellergroße Hufe. Während das Pferd vor mir phlegmatisch über den felsigen Pfad dahinstapft, lässt es immer wieder reichlich Wind direkt in mein Gesicht abgehen. Ich schleppe fünfzehn Liter Benzin in einem 19-Literkanister (Brennstoff darf nie von Pferden getragen

werden, weil es die Tiere verbrennt). Es ist ein recht seltsames Gefühl, denn die Flüssigkeit schwappt mit einem ganz eigenen Rhythmus im Behälter hin und her, an den ich mich halten muss, damit ich nicht aus dem Gleichgewicht gerate.

Der Transport meiner Habe mit dem Pferd dauert etliche Tage. Dann beginne ich, mir ein bequemes Zeltlager an die dreihundert Meter flussabwärts von meiner Baustelle, außer Reichweite der gefällten Bäume, einzurichten. Eine blaue Zeltplane, die über mehrere Stangen gespannt ist, bedeckt einen aus einem Moskitonetz gebastelten, sargförmigen Aufbau, unter dem sich mein Schlafsack verbirgt. Da der Wind hier recht heftig blasen kann, ist es zu riskant, auf offenem Feuer zu kochen. Daher haben mir die Turners einen rostigen alten Campingofen aus Zinn geliehen, der am Rand der Zeltplane steht. Seinen Rauchfang habe ich mit Draht an ein paar Birkenbäumen befestigt. Die Lebensmittel sind in einer eisernen Mülltonne untergebracht in der Hoffnung, dass sie darin vor Eichhörnchen, Mäusen und der Witterung geschützt sind. Teller, Töpfe und Wassereimer stehen verkehrt auf einem Holzgestell im Freien. Ich werde das umliegende Gehölz nach Stangen und Balken für einen Zaun um mein kleines Reich absuchen müssen, denn bald werden die Kühe auf meine Seite des Flusses gebracht, damit sie die struppige, mit Baumstümpfen übersäte Wiese um mich herum abweiden. Aus Erfahrung weiß ich, dass Kühe die geräuschvollsten Kreaturen der Schöpfung sind und dass sie mit meiner gesamten Habe sicher viel Unfug anrichten würden.

Im pazifischen Nordwesten ist der Frühling oft heiß und trocken – selbst Kapitän Cook klagte über die linden Mailüftchen, die seine letzte Reise gegen Norden behinderten –, aber in diesem Jahr ist er recht nass. Walker's Dome, der Berg, der von den Pappeln am gegenüberliegenden Ufer meines zukünftigen Hauses eingerahmt wird, ist schon seit Tagen unsichtbar. Wie Finger wühlen Wolkenstreifen tief in seinen zerklüfteten Graten und Kämmen. Die Wassertropfen von den Bäumen hämmern mit unterschiedlichem Rhythmus auf die verschiedenen Oberflächen meines Camps. Mit einem *Plumps* landen die Tropfen auf der Plane, mit einem *Platsch* in der Pfütze, mit einem hellen *Ping* auf den Töpfen und einem dumpfen *Plum* auf dem Wassereimer. *Plumps, plumps, plumps; platsch, plum; plumps, ping, plum.* Die Streifenammern trällern zwischen den unter der Wasserlast gebeugten Erlen ihr Lied, und der angeschwollene Sommerfluss, auf den die Regentropfen wie kleine Sternchen einschlagen, rauscht graugrün und ohne Unterlass an mir vorbei und erfüllt meine Ohren mit seinem Gesang.

Überlegungen
am Fuß eines Baumstamms

Nun ist die Zeit gekommen, wo ich die Arbeit mit der Kettensäge einfach nicht länger aufschieben kann. Ich hasse Maschinen. Ihr Gestank und ihr Lärm machen mich wahnsinnig, und für mich ist ihr Verhalten charakteristisch und unlogisch. Widerwillig akzeptiere ich, dass man sie füttern muss, aber wenn sie dann nicht gleich anlaufen oder problemlos funktionieren, raste ich ganz einfach aus. Das Gerät, um das es hier geht, ist außerdem äußerst gefährlich. Daher lege ich auch von schlimmen Befürchtungen erfüllt mein Handbuch für Holzfäller und Sägewerksarbeiter *The Fallers and Buckers Handbook* auf einen alten Baumstamm und schlage es auf Seite 13 auf. Der Text beginnt recht philosophisch mit dem Titel »Überlegungen am Fuß eines Baumstamms« und geht dann folgendermaßen weiter:

»Für das Fällen eines Baumes sind weit mehr Überlegungen notwendig als lediglich die Erwägung, wie man ihn am besten zu Boden bringt.

1. Niederwald und totes Holz um den Baum herum sind zu entfernen.

2. Der Baum ist auf Folgendes zu prüfen:
   (a) loses Astwerk,
   (b) andere Bäume, die beim Fall in Mitleidenschaft gezogen werden,
   (c) eine eventuelle Neigung des Stamms,
   (d) der beste Fluchtweg.«

Dann folgen zwei bunte Diagramme, die aufrechte Säulen darstellen, bei denen in die beiden absolut parallel verlaufenden Seiten Keile geschlagen wurden. Eine ganze Seite mit Maßangaben in Zentimetern und Zoll zeigt mir genau, wo ich die Einschnitte anbringen muss. Ich schaue auf das wilde Durcheinander vor mir. Keiner der Bäume ähnelt auch nur im Geringsten den Diagrammen, aber eine junge Tanne mit einem etwa vierzig Zentimeter dicken Stamm neigt sich über ein schönes freies Stück Boden. Es gibt kein Unterholz, und nichts behindert meine Flucht. Ich schaue mir den Baum genauer an und stelle mir vor, wie ihn die Säge wohl schneiden wird. Gleichzeitig schlage ich mir die Bilder von den diversen Unfällen aus dem Kopf, die im Buch so anschaulich und abschreckend dargestellt sind und die so seltsame Namen haben wie »Dutchmen«, also Holländer, oder »Barberchairs«, Friseursessel. Die Hälfte des Wälzers besteht aus der haargenauen Beschreibung von Unglücksfällen mit tödlichem Ausgang und einer Statistik über die hinterbliebenen Witwen und vaterlosen Kinder.

Außerdem warnt das Handbuch, dass niemand das Fällen eines Baumes in Angriff nehmen sollte, ohne einen erfahrenen Lehrer zur Seite zu haben. In dieser Hinsicht habe ich leider keine Wahl, und ich setze mir also meinen Ohrenschutz auf und schalte die Säge ein. Mir erscheint es zwar wie ein Verbrechen, in die lebende Substanz eines Baumes einzugreifen, aber da ich ein Haus brauche, muss ich es einfach tun. Die neue Säge schneidet gut, und schon nach kurzer Zeit löst sich ein kleiner Keil. Nun gehe ich auf die andere Seite und mache mich an den rückwärtigen Einschnitt. Dabei werde ich mir des gewaltigen Gewichts über mir bewusst, dessen Halt ich so schnell untergrabe. Plötzlich geht ein Schauern durch den Baum, der rückwärtige Schnitt wird immer breiter, und mit einem lauten Knarren und Krachen stürzt die Tanne zu Boden. Das war ja eigentlich ganz einfach. Der Baum ist nicht gerade und auch nicht dick und folglich für den Hausbau ungeeignet. Ich hacke die Äste ab und schneide alles in größere Stücke für den Ofen. Erstaunlich, wie schnell sich hundert Jahre Wachstum in Brennholz verwandeln lassen.

Von meinem Erfolg ermutigt, beschließe ich nun, mich an einen großen Baum zu wagen, bei dem das 66 Zentimeter breite Sägeblatt nur knapp über die Hälfte des Stamms reicht. Der Baum hat keine starke Neigung. Mit einer Axt als Lot blinzle ich von allen Richtungen auf den Baum und komme zu dem Schluss, dass er zum Fluss hin fallen wird. Ich schneide meine Keile aus und arbeite dabei auf beiden Seiten des Baums, aber bevor ich mit dem rückwärtigen Schnitt fertig bin, verlagert er sich langsam in eine Richtung, die ich nicht vorausgesehen hatte. Das Blatt meiner Säge sitzt fest. Ich stelle die Säge ab und ziehe daran herum, aber mit der Tonnenlast darüber lässt sie sich natürlich nicht bewegen. Mit blankem Entsetzen starre ich auf mein Werk. Das also ist der gefürchtete »Holländer« (ich frage mich dabei, weshalb er eigentlich so heißt). Ich muss über den Fluss hinüber und mir Rat holen.

»Du hast das Gewicht der Äste nicht berücksichtigt«, sagt Jack. »Schau, sie wachsen alle auf einer Seite!« Habe ich das Handbuch nicht ordentlich gelesen? Das hätte doch sicher eine derartige Information enthalten müssen? Ich schaue noch einmal ins Buch, kann aber nichts Entsprechendes über Äste finden. Das ist also eine Lektion, die ich nur durch Erfahrung lernen kann.

Ich habe noch eine kleinere Säge. Die einzige Lösung besteht nun darin, zwei weitere Einschnitte über den ersten, aber in der entgegengesetzten Richtung, zu machen. Es dauert allerdings einige Zeit, bis ich den Mut dazu aufbringe. Ich stelle mir vor, wie mich der Baum wie einen Käfer unter sich zerquetscht oder wie die Säge bei meinem Fluchtversuch gegen etwas stößt, zurückschlägt und mich mit ihren gierigen Zähnen in Stücke reißt. Schließlich fällt der Baum in einem Gewirr von Ästen und in einer roten Staubwolke aber doch und lässt mir dabei noch reichlich Zeit, die Säge abzustellen und das Weite zu suchen. Doch meine Nerven beruhigen sich nur langsam, und die nachfolgende Stille ist mir etwas unheimlich. Über mir hat sich ein Stück Himmel geöffnet, und von den umstehenden Bäumen rieseln noch immer kleine Zweige und Nadeln zu Boden. Ein Saftlecker, ein kleiner Specht mit einer knallroten Haube, kommt in die Lichtung geflattert.

Der gefällte Riese liegt mit dem Bauch nach oben hilflos und grotesk vor mir. Sein dicht verzweigtes Geäst ist massig und verrenkt. Ich werde jeden Ast in Stücke schneiden müssen, bevor ich den Baum überhaupt heben kann. Der Stamm ist viel zu dick für ein Blockhaus. Ohne Hilfe werde ich ihn nicht wegschaffen können, selbst wenn ich ihn in vier Meter lange Bauholzstücke schneide. Ich werde ihn also so lange liegen lassen müssen, bis die Pferde wieder verfügbar sind. Weil es hier so wenig Futter gibt, weiden alle Tiere außer Lucky derzeit auf einer wilden Wiese vierundzwanzig Kilometer flussaufwärts. Sie kommen erst wieder zurück, wenn sie im Juli zum Heuen gebraucht werden. Das gibt mir Zeit, mich auf ein Stück Land für das Haus festzulegen und eine Stelle zu suchen, wo ich die gewaltigen Mengen Abfallholz lagern kann, die sich im Lauf meiner Arbeit ansammeln werden (Verbrennen ist zu dieser Jahreszeit gefährlich und verboten und erst im Herbst wieder erlaubt). Die Aufgabe ist gar nicht so einfach, wie sie scheint, denn erst wenn alle Bäume weggeschafft sind, kann ich mir ein klares Bild von der Lage machen. Mein Haus sollte ja nicht nur die bestmögliche Aussicht haben, sondern ich würde auch gerne etliche der interessanteren Bäume darum herum erhalten.

Meine tägliche Routine in den nachfolgenden Wochen wird zu einem wahren Alptraum. Nur mit größtem Widerwillen störe ich die frühmorgendliche Stille mit dem manischen Kreischen meiner Kettensäge, vor der ich noch immer panische Angst habe. An einem Tag schaffe ich gerade ein halbes Dutzend Bäume. Ich muss das Fällen früh am Morgen erledigen, denn nachmittags kommt immer Wind auf. Außerdem weiden die Kühe jetzt auf meiner Seite des Flusses. Sie werden nach dem morgendlichen Melken erst dann über die Brücke zu mir herüberlassen, wenn ich die tägliche Baumquote zu Boden gebracht habe. Die Kühe würden das Geschehen sonst immer zum ungeeignetsten Zeitpunkt erforschen wollen.

Die meisten Bäume krachen wie geplant zu Boden, aber immer wieder kommt es vor, dass sich einige in die knorrigen Arme ihrer Nachbarn fallen lassen. Dann ist es eine Qual, entscheiden zu müssen, was ich mit ihnen anfangen soll. Warnend belehrt mich mein Handbuch: »Fälle nie einen dritten Baum auf einen Zweiten, wenn dieser festsitzt.« Aber die Versuchung, das zu tun, ist so stark, dass ich mich schließlich in eine noch vertracktere Lage bringe. Zumeist hacke ich dann Stücke aus dem unteren Stamm des Übeltäters heraus, bis er sich von seinem Nachbarn löst und zu Boden stürzt. Wenn mir einer der umstehenden Bäume guten Schutz bietet, schneide ich manchmal aber auch vorsichtig an dem Stamm herum, gegen den sich der gefällte Baum lehnt, dabei bin ich aber immer bereit, sofort wegzuspringen, wenn dieser unter dem zusätzlichen Gewicht mit erhöhter Geschwindigkeit zu Boden kracht.

Es kommt auch vor, dass ein Baum mit einem völlig durchgeschnittenen Stamm stehen bleibt und auf dem Angelpunkt irgendwie sein Gleichgewicht hält. Wenn ich den Baum nicht umkippen kann, mache ich dann so lange einen weiten Bogen darum herum, bis ihn der Wind umwirft. Einer dieser Bäume ist besonders schwierig. Tagelang tüftle ich mit einem Lot daran herum, und jedes Mal komme ich zu einem anderen Schluss, in welche Richtung er fallen könnte. Die Spitze scheint genau über dem unteren Abschnitt zu stehen, und auch die Äste sind gleichmäßig um den Stamm herum verteilt. Dabei windet und biegt er sich aber über seine ganze Länge von dreißig Metern nach oben. Dieser Baum ist einer der letzten auf der Lichtung. Ich hole tief Atem und gehe zum Angriff über: Wie eine Ballerina vollzieht er auf seinem Strunk eine Pirouette und fällt dann in eine völlig unerwartete Richtung – zum Glück von mir weg – zu Boden.

Ich verbringe den Rest des Tages damit, die Äste zu beschneiden, den Stamm in Stücke zu teilen und die Abfälle aufzuhäufen. Die Vibrationen der Säge haben auf meinen Handflächen tiefe, schmerzende Schwielen hinterlassen, und meine Hände werden über Nacht so steif, dass ich die Finger am Morgen kaum bewegen kann. Jeder Muskel meines Körpers tut weh, und meine Beine sind von blauen Flecken übersät, die ich mir hole, wenn ich beim Transport zum Abfallhaufen gegen die Knorren der abgeschnittenen Äste stoße.

Die Lichtung sieht aus, als wäre sie von einer Katastrophe heimgesucht worden, und ich bin entsetzt über die Vernichtung, die ich angerichtet habe. Riesige Baumstümpfe ragen wüst und zackig über die zerstückelten Baumleichen, deren einzelne Abschnitte wie das gegliederte Rückgrat eines riesigen prähistorischen Monsters vor mir ausgebreitet sind. Die Stücke liegen so nahe beieinander, dass ich die Lichtung wie ein Eichhörnchen von einer Seite zur anderen überqueren kann, ohne dabei den Boden berühren zu müssen.

Die meisten Klötze auf der Lichtung sind zum Bauen viel zu dick, und es würde einer enormen Anstrengung bedürfen, sie auf die Mauern zu heben. Ich hatte mein Stückchen Land zwar

sorgsam nach Bäumen mit einem Durchmesser von vierzig bis fünfzig Zentimetern abgesucht, aber viele dieser Riesen machen von einem bestimmten Blickwinkel aus einen idealen Eindruck, wenn man sie aber von einer anderen Stelle aus betrachtet, beugen sie sich plötzlich so anmutig wie Kokosnusspalmen – sehr zum Entzücken der Künstler und zur Enttäuschung der Blockhausbauer. Es ist unglaublich, dass ein so dichter Wald so wenig gerade Bäume liefert.

Das Einzige, was zu dieser Zeit meinen Verstand rettet, ist eine stille Stelle an einer Schleife im Fluss, etwa einen Kilometer flussabwärts von meinem Lager, die nach ihrer hufeisenförmigen Form *Horseshoe Bend* genannt wurde. Der Fluss hat hier einen weißen Sandstrand angelegt. Darauf liegen Pappeln verstreut, die vom Wasser ausgewaschen worden sind. Ihre alten, gebleichten Wurzelstöcke ragen aus dem Sand, und die Stämme ruhen im klaren, grünen Wasser. Oft gehe ich mit meinem Hund dorthin, denn er verbringt zumeist den ganzen Tag brav im Lager, fern von den Gefahren der Kettensäge und der fallenden Bäume, und braucht dann dringend Auslauf und ein wenig Zuwendung.

Die Biegung im Fluss ist ein herrlich verschwiegenes Plätzchen, das vom Pfad aus nicht sichtbar ist. Es tut mir gut, der brutalen Zerstörung auf der Lichtung den Rücken zu kehren und die geschwärzten Baumstümpfe eine Weile zu vergessen, die wie faule Zähne aus der Turner'schen Kuhweide ragen. Unter den prächtigen Tannen im unberührten Wald hinter dem Zaun gibt es kein Unterholz. Einige dieser Bäume haben einen

Durchmesser von zweieinhalb Metern. An den Stellen, wo die Sonne durch das dichte Gehölz dringt und von der dünnen Moosdecke, den Nadeln und Flechten auf den Felsblöcken genügend Feuchtigkeit gespeichert wird, wachsen auch kleine Blumen. Da sprießen die beherzten weißen Sternchen des kanadischen Hartriegels, die winzigen, duftenden rosa Schellen des Moosglöckchens, auch Mondsamen, deren Stängel so dünn sind, dass ihre breiten Blätter wie ein fliegender Teppich über dem Boden zu schweben scheinen, und die kostbarste Blume unter allen, die zauberhafte Norne Calypso bulbosa, die ihr magentarotes Köpfchen scheu über den schattigen Waldboden beugt.

Manchmal ist es zum Arbeiten zu heiß, dann gehe ich im hellen Sonnenschein zur Biegung im Fluss und beobachte, wie sich die Wellen über den grünen Tiefen kräuseln und glitzernde Glimmerflöckchen langsam in die Wirbel taumeln. Ich werfe meine Kleider ab und stehe im eisigen Strom, während sich Spinnenfische um meine Füße tummeln, bis mir die Fliegen auf meiner bloßen Haut schließlich mehr zu schaffen machen, als es die Kälte des Wassers tut. Dann tauche ich rasch unter und komme, sehr zur Verwirrung meines Hundes, der das Wasser verabscheut, nach Luft schnappend wieder zum Vorschein. Welch herrliches Vergnügen, sich im reinen, kühlen Wasser schnell wie ein Otter den Fluss hinuntertragen zu lassen und dann zum Trocknen im Wind zu stehen, bis die Fliegen mich wieder finden und zwingen, erneut in meine kratzenden Kleider und heißen, schweren Stiefel zu steigen.

Zumeist arbeite ich aber, bis die Sonne hinter dem Berg versunken ist und sich mein schmerzender Körper nicht weiter antreiben lässt. Wenn ich dann mühsam einen Fuß vor den anderen setze, beruhigt dieser besänftigende Rhythmus meine Muskeln und mein Gemüt. Unten an der Flussbiegung krächzen die Eisvögel, was sich wie die Rasseln englischer Fußballfans anhört, und das seidene Band der Strömung, das sich blass im Licht des Abends dahinwindet, flüstert ein Lied dazu. An dieser Stelle säumen Weiden den Fluss, die von den Bibern immer wieder abgeholzt werden. Die Tiere haben hier keinen Damm gebaut, sondern mit den abgenagten Zweigen am anderen Ufer etliche Bauten angelegt. Obwohl ich des Abends oft hier sitze und es am Wasserrand viele Spuren dieser Tiere – sowohl Pfotenabdrücke als auch tiefe Kratzer, wo sie ihre Zweige geschleppt haben – gibt, habe ich noch nie einen Biber zu Gesicht bekommen.

Die Posttour

Ungefähr einmal im Monat gehe ich das Tal hinunter, um mir meine Post zu holen. Die Wanderung den Fluss entlang ist immer wieder anders. Während der Schneeschmelze im Mai ist der Schwemmkegel unter den Hunlen Falls von der schäumenden Gischt des Wildwassers bedeckt, und man kommt immer nur mit nassen Füßen hinüber. Die schmalen Baumstämme zum Überqueren der tieferen Rinnen sind vom Sprühwasser glitschig, und es erfordert höchste Konzentration, nur auf den Stamm zu schauen und sich nicht von den Schwindel erregenden, in alle Richtungen hin tobenden Wasserwirbeln darunter ablenken zu lassen.

Das Kanu am Lonesome Lake verkürzt nicht nur den Weg zur Straße, sondern macht das Ganze auch weniger anstrengend. Ich trage zwar immer meine Ausrüstung bei mir, muss unterwegs aber kaum einmal kampieren. Leider konnte ich meinen Wagen bei Beginn meiner Bauarbeiten nicht dort stehen lassen, wo ich ihn bei meinem ersten Ausflug den Fluss hinauf geparkt hatte, denn alljährlich wäscht das Wasser den Frachtweg aus, der dann mehrere Wochen lang nicht befahrbar ist. Der sicherste Ort zum Abstellen meines Wagens ist in

Stuie, der ersten festen Siedlung flussabwärts im Tal, die vom Fuß des Hill zwanzig Kilometer entfernt ist. Meine erste Posttour wird also etwas länger als üblich dauern.

Stuie, ein alter Fischgrund der Ureinwohner, liegt in herrlicher Landschaft, umgeben von drei mächtigen Bergriesen, deren von Gletschern bedeckte Hänge über der Siedlung in den Himmel ragen. Zwischen ihren Graten ducken sich kleinere Gipfel, von denen viele noch gar nicht bestiegen sind und auch keinen Namen haben. Heute verdankt Stuie seine Existenz lediglich dem Tourismus, wobei ein Abschnitt des Flusses immer noch vom Stamm der Carrier zur Zeit der Lachswanderung im Sommer abgefischt wird. Zwei Familien wohnen das ganze Jahr über hier. Die Corboulds betreiben eine Fishing Lodge, und Katie Hayhurst und Dennis Kuch haben für Wanderer und Naturfreunde ein naturkundliches Bildungszentrum eingerichtet. Ich habe meinen Wagen und meine Stadtkleidung bei Katie und Dennis untergebracht. Die beiden holen auch meine Post ab, und manchmal haben sie sogar Zeit, mir ein Stück Wegs entgegenzufahren. Meistens finde ich aber trotz des geringen Verkehrs jemanden, der mich mitnimmt. Es wäre unmöglich, meine Post abzuholen und ein paar Einkäufe zu machen, ohne übernachten zu müssen, und ich bin daher über meine Nachbarn in Stuie recht froh. Ohne sie wären meine Ausflüge in die Außenwelt viel umständlicher und auch weniger angenehm.

Ich habe natürlich noch recht wenig Erfahrung beim Planen meiner Einkäufe, und für gewöhnlich sind immer irgendwelche Besorgungen zu machen. Dazu ist es notwendig, den Fluss fünfzig Kilometer abwärts zu fahren, in den unterhalb von Stuie die milchigen Eiswasser des Talchako münden und der danach Bella Coola River heißt. Zum Einkaufen gibt es zwei Möglichkeiten. Entweder in Hagensborg, das sechzehn Kilometer vom Ende des Highway entfernt ist, oder in Bella Coola, wo die Straße schließlich am Meer endet. An der achtzig Kilometer langen Strecke durch das Tal, vom Fuß des Hill bis zur Salzpfanne, gibt es nur etwa ein halbes Dutzend Läden, ein paar Tankstellen und Hotels, ein Krankenhaus, eine kleine, aber vorzügliche Leihbibliothek, eine Kreditgenossenschaft und die besten hausgemachten Lemon Pies in ganz British Columbia, die jeden Dienstag, Donnerstag und Samstag in der Coffee Bar des Co-op-Ladens frisch gebacken werden.

Ein Drittel der zweitausend Einwohner im Tal stammt von Ureinwohnern ab. Viele der ursprünglichen weißen Siedler kamen aus Norwegen, und ihre Nachfahren bilden heute den konservativeren Teil der Bevölkerung. Die restlichen Leute sind eine bunte Mischung, von denen die meisten von der Schönheit des Tales angezogen wurden und dann hängen geblieben sind, weil sie sich unter den übrigen Bewohnern wohl fühlten.

Über die Freundlichkeit und Hilfsbereitschaft der Menschen in entlegenen Gebieten ist schon viel geschrieben worden, und das Bella Coola Valley ist da keine Ausnahme. Allerdings haben die Stadtbewohner oft eine allzu romantische Vorstellung und sind dann recht erstaunt, wenn sie hören, dass die Leute im Waldland hin und wieder Zwistigkeiten haben, die zu bitterem und unversöhnlichem Hass führen können. Sie vergessen, dass auch die Bewohner der Einöde nur Menschen sind. Die Menschen in den Städten müssen einander zum Überleben ignorieren. Hier sind sie sich ihrer Gegenwart aufgrund der großen Entfernungen von ihren Nachbarn viel mehr bewusst. Und je mehr man sich des anderen bewusst ist, desto stärker sind die emotionalen Bindungen. Zumeist drücken sich diese in Form von Respekt und Zuneigung aus, sie können aber auch in die entgegengesetzte Richtung schlagen. Ich weiß von Geschwistern, deren Anwesen dreißig Kilometer vom nächsten Nachbarn entfernt direkt nebeneinander liegen, die seit Jahren kein einziges Wort miteinander gewechselt und das Grundstück des anderen nicht betreten haben. Einem Außenseiter mag das völlig unverständlich erscheinen, aber derartige Situationen sind hier gar nicht so selten, und trotz dieser Fehden haben die Menschen einen starken Sinn für Loyalität, und ein Nachbar würde einem lebenslangen Rivalen im Notfall, ohne zu zögern, Hilfe leisten.

Ein Ausflug in die Stadt ist immer ein Ereignis, und obwohl ich dort unten nicht wohnen möchte, freue ich mich immer auf meine sporadischen Kontakte zu den Mitmenschen. Kaum steige ich aus meinem Wagen, rufen mir meine Freunde schon zu: »Hallo, ich hab gehört, dass du wieder mal da bist«. Es erstaunt und erheitert mich immer wieder, wie schnell sich hier etwas herumspricht. Die Städter beklagen sich, dass das in ihre Privatsphäre eingreift und dass es ihnen unangenehm ist. Mir aber ist es recht, denn es gibt mir ein Gefühl der Zugehörigkeit.

Als ich Ende Juni meine zweite Posttour antrete, sind die Wassermassen von der Schneeschmelze im Frühling schon zurückgegangen, und die Bedingungen für meinen Ausflug haben sich wieder geändert. Das Wasser ist zwar noch immer ziemlich hoch, aber nicht mehr problematisch, und ich mache anfangs auch gleich recht gute Fortschritte. Als ich aber auf dem Heimweg den Schwemmkegel unter den Hunlen Falls überquere und beim Abfluss vom Lonesome Lake aus dem Wald trete, schlägt mir plötzlich ein rauer Südwind entgegen, der meterhohe Wellen gegen den steinigen Strand treibt, von wo ich für gewöhnlich mein Kanu zu Wasser lasse. Wenn ich bei diesem Wetter versuchen würde, das Boot auszusetzen, würde es im Handumdrehen zermalmt werden. Der Wind ist kalt, wenn ich aber Schutz davor suche, fallen die Mücken gleich wie wild über mich her. Der Wind ist so stark, dass es zu gefährlich wäre, ein Feuer zu machen, und so verkrieche ich mich, völlig betäubt vom Toben der Elemente, in meinen Schlafsack und warte.

Endlich bricht ein schwacher sonniger Schimmer durch die Wolken. Doch die Schatten liegen schon weit über dem See und zum Teil auch über den östlichen Hängen der Berge. Rasch legt sich nun der Wind, wie so oft, wenn die Sonne aus dem Tal verschwindet, und sofort beruhigen sich auch die Wellen auf dem See. Zögernd schiebe ich das Kanu ins Wasser, das noch immer ein wenig stürmisch ist. Meine Besorgnis ist aber unbegründet, denn noch bevor ich die erste Landspitze umfahren habe, ist der See bereits totenstill. Langsam verdunkelt sich der Himmel, und das Licht der Sterne durchbohrt die Dämmerung. Der Mond ist nicht zu sehen. Dunkelheit umhüllt die Landschaft, und ich kann nur vage die formlosen Umrisse der umgebenden Berge ausmachen, die mir den Blick auf die Sterne versperren.

Ich höre den Ruf der Ziegenmelker, deren Flügelschlag die Luft wie mit Säbelklingen durchschneidet. Auf der glatten Fläche des Sees spiegeln sich die Sterne im Wasser. Mein Boot wird zum Raumschiff, das über die schwarzen Untiefen der Unendlichkeit gleitet und dabei die Konstellationen mit der Dünung seines Kielwassers zur Seite schiebt. Wie schwarze Flämmchen flackern Fledermäuse um eine Aura, die mich und mein Boot umgibt. Der Ruf eines unsichtbaren Seetauchers durchdringt die Stille, so nahe an meinem Ohr, dass mir das Herz beinahe stehen bleibt.

Ich lege mich neben der Lagune zum Schlafen hin und beende meinen Ausflug im Licht des nächsten Tages.

Juli

Der letzte Baum liegt auf dem Boden! Sechs lange Wochen habe ich mich der kreischenden Säge wie eine Sklavin unterjocht und kann es kaum glauben, dass die Tortur jetzt beendet ist. Ich kann keinen Baum mehr sehen, ohne ihn sofort auf seine Eignung für den Blockhausbau zu prüfen, das mache ich sogar im Schlaf. Mein Nacken ist ganz steif vom ständigen Blick in die Baumkronen, auf der Suche nach einem passenden Stück Holz, das sich vielleicht von einem Stamm gewinnen ließe, der im unteren Abschnitt zu dick oder zu verbogen ist. Als ich auf den Falkland Islands arbeitete, hatte ich mit einem begeisterten Naturfreund einmal zehn Tage lang eine Wanderung durch die fantastischen Seevogelkolonien der Inseln gemacht. Wir hatten nur wenig Proviant dabei und ernährten uns vor allem von Fischen, jungen Wildgänsen und wildem Grünzeug. Wir waren erstaunt, wie schnell sich unsere Einstellung zu den Tieren geändert hatte, denn sobald sich irgendwo etwas bewegte, war unsere Reaktion nicht »Wie interessant!« oder »Wie aufregend!«, sondern »Können wir das essen?«. Jetzt geht es mir mit dem Wald genauso, und ich frage mich, ob ich je wieder fähig sein werde, einen Baum nur mit reinem Vergnügen zu betrachten.

Meine nächste Aufgabe ist es nun, die Stämme zu entrinden. Die Rinde der Tannen lässt sich am schwersten lösen, und ich hatte gehofft, dass sie von den aufsteigenden Säften im Frühling und Frühsommer etwas gelockert würde. Obwohl das Harz so reichlich ist, dass meine Jacke, mein Werkzeug und meine Kleidung davon durchtränkt sind und mir recht unangenehm an der Haut kleben, lassen sich nur wenige Stämme leicht entrinden. Ich hacke und zerre mit meiner Axt so lange daran herum, bis sie schließlich blass und bloß und im gelegentlichen Regen nass glänzend vor mir liegen. Auf meinen Händen sprießen neue Blasen, und Muskeln schmerzen, von denen ich bisher gar nicht wusste, dass ich sie hatte. Immerhin ist die Arbeit geruhsam, anspruchslos und ungefährlich, und ich kann mich dabei entspannen. Manchmal kommen Trudy und ihre Tochter Susan, die gerade zu Besuch ist, zu mir herüber und helfen mir eine Weile.

Es ist Anfang Juli, und die Turners haben von den hoch gelegenen Sommerweiden eine Gefährtin für Lucky zurückgebracht, damit sie bei gutem Wetter gleich mit dem Heuen beginnen können. Und so dringt oft am Morgen, wenn ein schöner Tag bevorsteht, das Klappern des Mähers über den Fluss zu mir herüber, begleitet vom Duft des frisch geschnittenen und welkenden Grases. Wenn das Wetter schön bleibt, höre ich dann als Nächstes das Surren des Heuwenders, den ich mit meinem Wagen von Salmon Arm nach Nimpo transportiert hatte. Seine Zacken, die wie Hühnerkrallen aussehen, werfen das schlaffe Gras durcheinander, und wenn es dann trocken ist, kommt der Rechen, der das Heu mit dem schnappenden Geräusch eines Fallgitters anhäuft.

Abends, wenn die Sonne hinter dem Talrand verschwindet und die Kriebelmücken nicht mehr so bösartig sind, werden die Pferde vor den Wagen gespannt, der schon ein antikes Stück war, als ihn die Turners vor dreißig Jahren erworben hatten. Seine Räder sind so zerbeult und verzogen, dass die eisernen Reifen nicht mehr passen und jetzt mit Rohlederstreifen befestigt sind, auf denen noch immer schwarze, rote und weiße Haare sprießen.

Das Aufladen des Heus geht zu dritt viel schneller, und wenn Susan nicht da ist, helfe ich hin und wieder aus, vor allem wenn Regen droht. Luckys Gefährtin ist eine braune Stute namens Guenevere, die sich im Geschirr trotz ihres reifen Alters und sanften Gemüts plötzlich in ein Zirkuspferd zu verwandeln scheint. Die beiden sind ein eigenartiges Gespann – der bedächtige Lucky und die tänzelnde Guenevere –, aber Trudy hat sie mit viel Geduld und Geschick fest im Griff. Der alte ungefederte Wagen schwankt stöhnend und krachend über den unebenen Boden zwischen den Heuschobern.

Jack und ich laden die losen, schlüpfrigen Haufen mit der Heugabel auf den Wagen. Es riecht nach wilder Minze, die mit vielen Kräutern und mancherlei Unkraut zwischen dem ausgesäten Timotheus- und Wiesenknäulgras gedeiht. Trudy ist für die Heuladung zuständig und bringt in regelmäßigen Abständen Seile an, die schließlich über einen großen Heuballen zu Schlingen gebunden werden, was das Entladen ganz wesentlich erleichtert. Dazwischen ist das Klirren des Geschirrs zu vernehmen, wenn die Pferde ihre Köpfe schütteln, um Mücken und Bremsen zu verscheuchen, oder schnell nach einem Maul

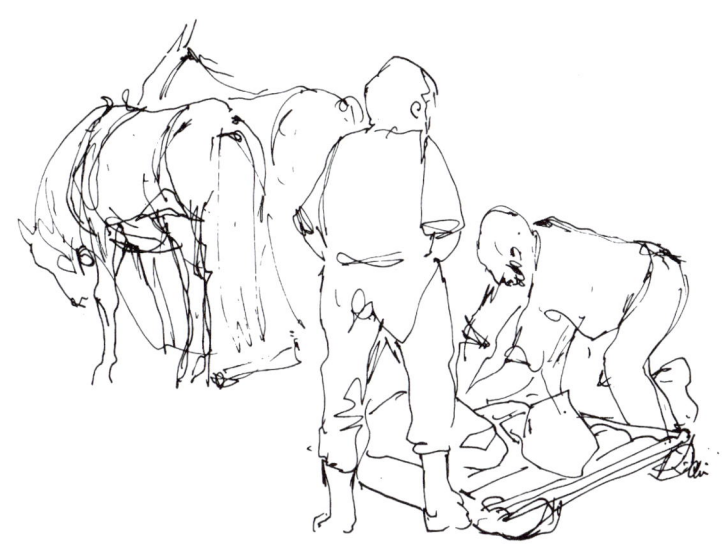

voll Heu von einem der einladend zusammengerechten Haufen schnappen. Der Berg auf dem Wagen wird immer höher, und die silbrige Last knistert wie Seide, während uns kratzige Stückchen davon in den Nacken rieseln.

Wie ein beladenes Schiff schlingert das Gefährt auf die Scheune zu und bleibt schließlich vor der westlichen Giebelwand stehen. Nun werden die Pferde ausgespannt, und ein langes Seil wird an einem der beiden festgebunden, das über eine Seilrolle hoch oben im Dachfirst läuft. Das andere Seilende wird an einem der Heuballen angebracht, und sobald sich das Pferd vorwärts bewegt, schwingt der Ballen nach oben direkt in die Scheune hinein. Der Wagen ist im Nu geleert. Kreischend flattern die Schwalben zu Hunderten um ihre Lehmnester unter dem Dach, und die Katzen lecken sich die Mäuler in der Hoffnung, dass der Heuberg bald so hoch sein wird, dass sie ohne viel Aufhebens zu den Nestlingen gelangen können.

Wenn sie Zeit haben, kommen die Turners und ihr Pferdeteam auf meine Seite des Flusses und helfen mir bei der schweren Arbeit. Zuerst räumen wir die Stämme, die ich nicht selbst entfernen konnte, von der Baustelle und schaffen das restliche Abfallholz weg. Dann spannen wir die Pferde vor einen riesigen und recht kompakten Schlitten aus dicken Birkenstämmen, der von vielen Felsblöcken schon ganz zerkratzt ist. Die Pferde ziehen ihn zu den Stellen, wo ich Steine für das Fundament meines Hauses aufgestöbert habe. Dieses Land der granitfaltigen Berge ist voller Felsen, aber es gibt darunter nur wenige, deren Seiten man auch nur annähernd als flach bezeichnen könnte. Ich war oft stundenlang mit einem Kanthaken unterwegs und habe mit der langen Stange, die einen klauenartigen Haken zum Heben und Rollen von Stämmen an einem Ende hat, nach passend geformten Steinen gesucht und etliche damit unter der dünnen grünen Moosdecke hervorgeholt. Wir lotsen die Steine auf das Schlittengestell und sichern sie mit starken Ketten ab. Die Pferde legen sich ins Halfter und ziehen an, bis sich der Schlitten schwenkend und knirschend in Bewegung setzt und die Kufen von der starken Reibung zu rauchen beginnen. Hinter dem Gefährt erhebt sich eine Staubwolke, denn trotz des häufigen Regens trocknet der dünne Boden in den starken Frühlingswinden rasch wieder aus.

Endlich kann ich mit dem Hausbau beginnen. Ich hatte Ende Mai mit dem Roden angefangen, und es hat mehr als zwei Monate gedauert, bis ich nun endlich so weit bin. Die viele Arbeit hatte nur wenig sichtbaren Erfolg gezeitigt, aber jetzt nimmt alles plötzlich Form an.

Die ganze Zeit, während ich mit dem Fällen, Schneiden, Schleppen und Entrinden beschäftigt war, hatte ich mir Gedanken über die Form, Größe und den Standort meines zukünftigen Heims gemacht. Ich brauche darin genügend Platz zum Weben und Malen, ich will so viel natürliches Licht wie nur möglich, und ich möchte in jede Richtung hinausschauen können. Natürlich müssen auch Faktoren wie Wärmeausnutzung und Schneelast berücksichtigt werden. In Anbetracht all dessen habe ich mich für einen L-förmigen Grundriss entschieden und habe auch versucht, das Blockhaus so auszurichten, dass ich den Gipfel des Walker's Dome zwischen den Ästen der drei Pappeln am anderen Flussufer sehen kann, denn ich beobachte gerne, wie sich die Farben ändern, wenn die Sonne am Morgen über den Gipfel in den Himmel steigt.

Im Grunde genommen ist das Haus ein 8,5 x 8 Meter großes Rechteck mit einem 2,5 x 4 Meter großen Anbau in der südwestlichen Ecke. Die vier Fundamentstämme sind jeweils zehn Meter lang. Sie verlaufen entlang den achteinhalb Meter langen Seiten in gleichen Abständen parallel zueinander von Ost nach West. An den acht Meter langen Seiten stoßen sie für eine Terrasse um zweieinhalb Meter vor, die nach Westen zum Fluss und zur untergehenden Sonne hin ausgerichtet ist. Wegen seiner Länge muss jeder Fundamentstamm mit mindestens drei Steinen unterlegt werden. Sobald wir die Steine zur Baustelle geschleppt haben, rolle und hebe ich sie an den richtigen Platz. Dann werden die Pferde aus dem Schlitten gespannt und zum ersten Fundamentstamm geführt. Der ist am unteren Ende sechzig Zentimeter dick und selbst ohne Rinde für die Pferde eine schwere Last. Ich habe die scharfen Kanten an den Enden weggeschnitten, damit er sich leichter über die Stümpfe und Felsen schleifen lässt.

Trudy bringt ihr Team in Stellung, und ich schlinge die Kette ungeschickt um das Stammende. Dabei bin ich mir immer gewahr, wie nahe mein Kopf bei Luckys Hufen ist. »Hüh!«, ruft Trudy, und es geht los. Guenevere wirft sich gegen ihr Kummet und prallt zurück, während sich Lucky langsam nach vorne beugt und anzieht. Irgendwie zerrt das ungleiche Gespann schließlich den Stamm im Gleichklang vorwärts. Der Baumstamm hüpft und windet sich durch den Wald. Das mächtige Endstück prallt dabei laufend gegen die Baumstümpfe, und Trudy muss mit den Zügeln geschickt von einer Seite zur anderen hüpfen. Wir wirbeln so viel Staub auf, dass das Sonnenlicht gar nicht mehr zu sehen ist. Schließlich liegt der Stamm aber mit der Spitze zum Fluss hin vor uns. »Noch ein kleines Stück«, sagt Trudy, und die Pferde ziehen ihn mit einem Ruck weitere dreißig Zentimeter vorwärts. »Halt«, befiehlt Trudy. Wir lockern die Kette, und ich mühe mich mit den steifen Verknotungen ab. Die Kette hat auf dem Hals des Stamms tiefe Einkerbungen hinterlassen, aber der Rest ist vom holprigen Schleifen schön geglättet worden.

Endlich liegen alle vier Fundamentstämme, über und über zerkratzt und schmutzig, Seite an Seite bereit. Ihre Enden zeigen zur Talwand hin, die Spitzen zum Fluss. Ein Freund aus Europa ist bei mir zu Besuch. Ich habe ihn vor Jahren in Neuseeland kennen gelernt. Er hilft mir, Kerben in den Stämmen anzubringen, damit sie fest auf den Steinen zu sitzen kommen. Der Stein in der Mitte macht Probleme bei der Passung, und wir schneiden, rollen und prüfen, bevor wir den Stamm wieder zurückrollen und noch mehr auskerben. Aber schließlich ist das Fundament doch fertig, und die Stämme liegen, wie von Riesenhand aufgereihte Bleistifte, 2,25 Meter voneinander entfernt. Ein aufregender Moment. In das Chaos ist Ordnung gekommen, endlich etwas Positives, inmitten all der Zerstörung. Ich setze mich ans Ende eines der Stämme und beobachte die glitzernden Reflexe der Sonne auf dem Singenden Fluss. Ich habe einen langen Weg hinter mir, seit ich im April zum ersten Mal hier saß. Ich kann mir kaum mehr vorstellen, wie die Lichtung damals ausgesehen hat, mit allen Bäumen und dem Gewirr der abgebrochenen Zweige darunter. Andererseits habe ich schon eine genaue Vorstellung von meinem zukünftigen Heim. Mein Blockhaus ist im Entstehen.

Wanderung um die Hunlen-Seen

Wie die meisten Leute bin auch ich verblüfft, wenn Dinge, die mich stark bewegen, andere völlig kalt lassen. Mein europäischer Freund hatte den Wunsch geäußert, »ganz in der Natur und fern von den Menschen zu leben«. Da er schon achtzig Länder bereist hat und auf allen größeren Bergen der Welt gewesen ist, habe ich einen aufregenden zehntägigen Ausflug für uns geplant. Ich kann es kaum erwarten, denn ich habe meine Umgebung noch gar nicht erforscht und freue mich nun, sie näher kennen zu lernen.

E. F. ist Linguist, Englischlehrer und Übersetzer. Er ist ein schlanker, adretter Mann, der auf sein Aussehen und seinen sportlichen Körper recht stolz ist. An den Umgang mit Werkzeugen ist er offensichtlich nicht gewöhnt, aber er ist stark und hat sich in den vergangenen Tagen mit viel Energie und Koordinationsgeist mit an die Arbeit gemacht. Er hat schwarzes Haar, dunkle Augen und buschige Brauen, die in kleinen Flügeln enden. Ein sauberer Spitzbart unterstreicht sein kantiges Gesicht. Jeden Morgen rasiert er sein Kinn mit einem batteriebetriebenen, unhandlichen Apparat, und ich konnte ihn nur schwer davon überzeugen, das Gerät und etwa sieben Kilo seiner Ausrüstung im Lager zurückzulassen. Ich habe meine Zweifel wegen seiner leichten kreppbesohlten Stiefel, aber er besteht darauf, dass heutzutage alle Wanderer derartige Schuhe tragen. Sein rahmenloser Rucksack sieht mit seinen vielen Fächern und Gurten äußerst eindrucksvoll aus und stellt meinen öl-verschmierten, handgemachten Sack aus Segeltuch total in den Schatten. Er ist das Allerneueste aus Europa, ein Stück, ohne das sich kein ernst zu nehmender Bergsteiger sehen lassen kann. Vielleicht sind die Stiefel und der Rucksack widerstands-fähiger als sie aussehen.

E. F. ist kein Frühaufsteher. Aber wie kann jemand, der die Schönheiten der Natur so zu schätzen weiß, nicht schon beim ersten Zwitschern der Halsbanddrossel, wenn noch blaue Däm-merung die Welt umfängt, aus den Federn springen. Es gibt doch keine größere Freude, als den Übergang vom schattigen Dunkel zum Licht der Sonne zu beobachten, wenn der Tau in der windlosen Stille bebt und der elfenhafte Maultierhirsch auf seinen schlanken Beinen beherzt durch das Dickicht des Wal-des springt. Wer könnte es ertragen, die Frische des goldenen Morgens zu versäumen, dieses flüchtige Licht, das mit dem Fortschreiten des Tages so schnell vergeht? E. F. kann es, wie es scheint. Er bleibt lieber im Bett.

Die Sonne steht schon seit mehreren Stunden hoch am Himmel, als wir zur Lagune hinuntermarschieren und dem aufgelassenen Landmesserpfad folgen, der vom oberen Ende der Lagune zur Seenkette am Hunlen Creek führt. Wir müssen bis in eine Höhe von siebenhundertfünfzig Metern hinauf. Der Pfad ist gut markiert, aber seit Jahren nicht mehr instand gehalten worden und mit Windbruch übersät. Die felsige Talseite weist hier nur wenige Bäume auf, bei denen es sich vor allem um Drehkiefern und junge Tannen handelt, die wahrscheinlich das Erbe eines Waldbrands vor etwa hundert Jahren sind, denn Tannen wachsen immer als Erstes nach einem Brand. Es wird Jahrhunderte dauern, bis sich wieder ein ausgereifter Wald entwickelt hat, der die kleineren Tannen verdrängen wird. Weil wir so spät losgezogen sind, scheint die Sonne nun prall auf uns herunter, und wir sind froh, als wir auf der Höhe eine eiskalte Quelle finden.

Hier hat sich auch die Vegetation geändert. Die Drehkiefern sind noch immer dominant, aber das Unterholz ist recht kurios. Es setzt sich aus Krauser Erle, Azaleen, Heidekraut, schwarzen Krähenbeeren und dem Grönländischen Porst zusammen, der seinen würzigen Duft verströmt, als wir durch sein niedriges Buschwerk waten. In diesem viel helleren, spärlichen Forst hat der Wind einen anderen Klang. Es ist ganz still, denn das Tosen des Atnarko ist nicht mehr zu hören, und es gibt hier oben keine fließenden Gewässer. Die vielen Sümpfe sind Brutstätten für Mücken, und in einem finden wir das Nest eines Gelbschenkels, der uns gleich mit seinem lautem Kreischen vertreibt.

Die Wanderung ist nicht anstrengend, und ich rechne damit, dass wir unser Ziel von meinem Lager aus in vier bis fünf Stunden erreichen werden. Da wirft sich E. F. aber plötzlich mit lautem Stöhnen auf den Boden und klagt über Schmerzen in den Schultern. Wir tragen beide etwa zwanzig Kilo auf dem Rücken, und es wundert mich, dass da ein Bergsteiger mit Himalajaerfahrung – und dem neuesten Rucksack aus Europa – Probleme haben könnte.

Mit häufigen Ruhepausen plagen wir uns weiter und kommen schließlich beim Junker Lake aus dem Wald. Der Ausblick, den uns die Bäume bis zuletzt versperrt haben, ist völlig unerwartet. Am Ende des acht Kilometer langen Sees ragen drei Dreitausender in das strahlende Blau des Himmels. Wir erkennen die drei Zinnen des Mount Talchako, die Namen der übrigen Berge werden uns vorenthalten, da sie außerhalb unserer Wanderkarte liegen. Am nordöstlichen Ufer des Sees erstreckt sich ein grauer Sandstrand, wo wir im wärmenden Licht der Abendsonne unser Lager aufschlagen. E. F. hat ein kleines Zelt. Da er auf einer harten Unterlage nicht schlafen kann, streckt er sich versuchsweise zuerst einmal auf dem Sand, dann auf dem Laubmulch und schließlich auf einem Stück Sumpfland aus, um ein möglichst weiches Bett zu finden. Dass seine Stelle feucht und windstill ist, scheint ihn nicht zu stören. Ich liege lieber im Freien auf dem Sandstrand, wo eine Brise die Fliegen verscheucht und von wo ich die Satelliten auf ihrer mysteriösen Bahn durch das schimmernde Firmament beobachten kann. Die ganze Nacht lang schlagen kleine Wellen ans Ufer. Das Teewasser für unser Frühstück ist voller Sand. Ich habe schon die erste Teekanne geleert und mich an die zweite gemacht, als E. F. aus seinem kleinen Sumpflager kriecht. Er sieht ein wenig mitgenommen aus, und ich frage ihn gar nicht, wie er geschlafen hat.

Von diesem Punkt aus gibt es keinen Pfad mehr. Die Tannen machen einem älteren, viel feuchteren dichten Fichtenwald

Platz. Wir haben gestern eine Runde gedreht und befinden uns nun auf der anderen Seite des Walker's Dome, der hinter den Pappeln am anderen Flussufer zu meinem Haus hinübergrüßt.

Anfangs ist das Unterholz gar nicht so schlimm, aber je höher wir wandern, desto steiler wird der Aufstieg, und die Vegetation wird immer niedriger, struppiger und dichter. Das Vorwärtskommen wird schwierig. »Such dir ein paar umgestürzte Bäume, und geh darauf entlang«, rät mir E. F. »Das haben wir im brasilianischen Dschungel gemacht.« Und so krabbeln, schnaufen und schwimmen wir durch die brusthohen Azaleen, die wie Stinktiere riechen. Dabei frage ich mich, wie so oft bei derartigen Gelegenheiten, ob sich solche Strapazen überhaupt lohnen. Doch plötzlich befinden wir uns hoch über der Welt auf einem langen Wiesenhang, der von purpurnen Zwergmargariten übersät ist. Tief unter uns liegt der Junker Lake, blau und vom Wind gekräuselt. Der Strand, wo wir kampiert haben, ist ein blasser Streifen an einem Ende. Die übrigen Seen der Hunlen-Kette sind zu beiden Seiten wie die Glieder eines Halsbands aufgereiht. Unser Blick geht bis ans Ende der hohen, von Bergen umringten Hochebene, und wir können gerade noch die kleine Aussparung in den Felsen ausmachen, durch die die Hunlen Falls ins Unendliche stürzen. In der anderen Richtung erspähen wir die Berge, die am vergangenen Abend so eindrucksvoll unsere Lagerstelle beherrscht haben und die in dem großartigen Panorama aus Fels und Eis jetzt fast zur Unscheinbarkeit geschrumpft sind. Da wir das widerspenstige Unterholz jetzt hinter uns haben, ist wieder Leben in meine Beine gekommen. Alle Müdigkeit ist vergessen, und ich grinse

E. F. vergnügt an. Das ist doch wirklich der beste Lohn für unsere Anstrengungen.

»Nur diese Bremsen«, jammert er, und sein Gesicht ist so trübselig, dass es den Anschein hat, als ob er gleich in Tränen ausbrechen würde. Ja, die Bremsen sind wirklich lästig. In wahren Schwärmen stürzen die großen, schwerfälligen Geschöpfe über uns her, und ihre wunderschönen smaragdgrünen Augen machen sie uns auch nicht sympathischer. Ihre spitzen Beinchen irritieren unsere Haut, wenn sie sich in unseren Haaren verkriechen und unsere Nerven mit ihrem Brummen aufreiben. Die Versuchung ist groß, sie mit unseren Armen wild fuchtelnd zu vertreiben. Sie lassen sich zwar leicht erschlagen, aber das Gefühl, ihre prallen Körper mit den Fingern zu zerquetschen, ist so unangenehm, dass wir sie schließlich in Ruhe lassen und nur unsere Regenmäntel und Kapuzen fester über die Köpfe ziehen, damit sie nicht an uns herankönnen. Aber die Euphorie, in den Bergen zu sein, macht diese Unannehmlichkeit für mich mehr als wett, und E. F.s trübseliges Gesicht findet bei mir kein Mitgefühl.

Auf unserer Karte ist ein kleiner See etwas weiter um den Berg herum eingezeichnet, den ich gerne vor Einbruch der Dunkelheit erreichen möchte. Wir machen uns über eine breite, flache und recht kompakte Steinhalde wieder auf den Weg, und da mich kein Strauchwerk behindert und das Panorama lockt, marschiere ich, wie von Siebenmeilenstiefeln beflügelt, über die Felsblöcke.

»Ach«, jammert E.F. »Diese Felsen bewegen sich ja. Wenn ich mir ein Bein breche, bringt mich hier niemand raus.« Seine eleganten Stiefel bieten ihm nur wenig Halt. Mir wird langsam klar, dass dieser Mann mit all seinen Erfahrungen in den Schweizer Alpen, im Himalaja, den Gebirgen im Süden Neuseelands und den Anden, ganz zu schweigen vom brasilianischen Dschungel, noch nie ohne einen markierten Pfad unterwegs gewesen ist. Seine anspruchsvollsten Touren waren immer mit Führern und Trägern, die sein Gepäck transportierten, und seinen imposanten Rucksack benutzte er eigentlich nur zwischen Flughafen und Bahnhof. Er erzählt mir, dass er gerne mit seinen Freunden zum Wandern nach Kanada käme, dass er dazu aber einheimische Träger finden müsste.

Hin und wieder stoßen wir auf Gruppen von Zwergtannen und Fichten, die unser Vorankommen behindern, und es ist auch recht unangenehm, bei dem warmen Wetter in Regenmantel und Kapuze dahinzumarschieren, aber ich lasse E. F. und sein ewiges Jammern einfach zurück und habe schließlich den Berg umrundet. Wie ein japanisches Tuschgemälde liegt der kleine See umgeben von einem Wäldchen gekrümmter Tannen vor mir. Er ist fast völlig versandet und voller Schilf, aber das türkisfarbene Wasser, das durch den Gletscherstaub fast undurchsichtig wirkt, steht in harmonischem Gegensatz zu den blutroten Blüten des Indian Paintbrush. Eine Eiswand dahinter, die vom Alter zerfurcht und geborsten ist und keinen Schnee mehr trägt, hängt wie ein Vorhang vor einer dunklen Felswand. Dieser Anblick wird meinen trübseligen Freund doch sicher erfreuen.

»Hier ist der See«, rufe ich zu ihm zurück. »Der See.«

»Gott sei Dank«, sagt er, als er sich durch die japanischen

Tannen schleppt. Er wirft einen langen Blick auf den Berg, den Schnee, die Blumen und den milchig grünen Sumpf und ruft enttäuscht: »Da ist ja gar kein Wasser drin!« Zornig stapft er in die Mulde hinunter und wirft sich deprimiert auf den Boden. Gleich krümmt er sich aber wieder, weil die Bremsen erneut zum Angriff ansetzen.

Beim Bächlein, das aus dem See fließt, ist eine Erhebung, auf der uns eine kühlende Brise umfängt und von der wir einen herrlichen Blick auf die Berge und die tief stehende Sonne im Westen haben. Der Wind hat die Fliegen verscheucht, und bald kann sogar E. F. etwas gequält darüber lachen, dass wir bei Sonnenschein und Hitze in Regenmantel und Kapuze dastehen. Mit der untergehenden Sonne verschwinden auch die Bremsen, die wir danach nicht mehr zu Gesicht bekommen. Weshalb sie gerade an diesem Tag in solchen Massen auftraten, ist mir bis heute ein Rätsel.

Ich schlafe auf dem Hügel beim Bach, und E. F. zieht sich wieder in seinen kleinen Privatsumpf zurück. Am nächsten Morgen klettern wir über einen Vorsprung hinter unserem Lager und steigen zum Gipfel des Walker's Dome hinauf. Es gibt keine Fliegen, wir tragen keinen Rucksack, und es gibt keine Klagen.

Der Aufstieg ist nicht anstrengend. Je höher wir klettern, desto schmaler wird der Grat, und wir können in Richtung der Seenkette zurückschauen. Doch der Blick ist nicht frei, denn im Tal liegt bis an den Fuß des Berges Nebel, der uns von unserer Umwelt abschneidet und uns zu Schiffbrüchigen auf einem Wolkenmeer macht. Wir kommen an kleinen Schneeflecken vorbei und an geschützten Mulden im felsigen Boden, in de-

nen, Edelsteinen gleich, Blumen haften: Steinbrech mit seinen winzigen Blütensternchen, die rosa Polster des stängellosen Leimkrauts und die lapislazuliblauen Schellen der Glockenblume. Hin und wieder ist unter dem Boden das hohle Gurgeln einer Quelle zu vernehmen, und von Zeit zu Zeit kullern von der Sonne losgelöste Felsstückchen die vom Alter gezeichnete Eiswand hinunter.

Wir erklimmen einen felsigen Gipfel, von dem sich ein atemberaubender Ausblick bietet. In weiten abstrakten Schwüngen heben sich das schwarze Gestein und der blendende Schnee vom ultramarinblauen Himmel ab. Ein Eisfeld ergießt sich zur Seenkette hinunter, von der Nebel in ätherischen Schwaden aufsteigt. Wie im Traum schweben die Seen darunter. Reihe um Reihe ziehen die Berge unseren Blick in die Ferne. Die rosigen Vulkanfelsen der Rainbows gegen Osten hin und nach Westen die schier endlosen Ketten der gletscherbedeckten Gipfel des Küstengebirges, das sich gegen Norden nach Alaska und über fünfhundert Kilometer in südlicher Richtung bis Vancouver erstreckt.

Ein ruhiger Tag hoch in den Bergen hat etwas Kostbares an sich. Die Luft ist erfüllt von einem kaum wahrnehmbaren Säuseln, bei dem es sich möglicherweise um das ferne Gemurmel von Wind und Wasser handelt. Ich aber interpretiere es gerne als das Geräusch der Erdumdrehung:

Und eine heilige Stille birst die Ohren:
Horch! Es ist die Musik der Sphären.

Ein leises Quietschen schreckt mich auf, und meine Gedanken springen sofort von meinen theoretischen Betrachtungen über die Unendlichkeit zum Boden zwischen meinen Füßen. In einer Felsspalte sitzt ein gestreiftes Eichhörnchen. Wie kann der kleine Kerl in dieser Höhe nur genügend zum Leben finden? Es gibt kaum Pflanzen, und das Wasser läuft weit unter dem Boden. Sicher verbringt er – und vermutlich gibt es auch eine »Sie« – den Großteil des Jahres im Tiefschlaf. Mit einem Zucken seines buschigen Schwanzes ist er verschwunden. Wir legen ein paar Erdnüsse auf seinen Platz. So große Körner sind bestimmt ein Festmahl in der Miniaturwelt dieser Eichhörnchen und für mich eine passende Opfergabe für die Berggötter.

Der Gipfel liegt noch vor uns. Als wir ihn schließlich erreichen, ist der Ausblick nicht so sensationell, wie ich es mir erwartet hatte. Der Großteil des Küstengebirges liegt hinter der Erhebung, wo das Eichhörnchen haust, aber in östlicher Richtung liegt die steile, dreihundert Meter hohe Felsklippe, die von meinem Grundstück aus sichtbar ist, und von der wir in zweitausend Meter Tiefe direkt in das Tal des Atnarko schauen können. Der Lonesome Lake, den der Fluss wie ein Faden mit dem Stillwater verbindet, gleicht einem gewundenen Wurm. Das Anwesen der Turners wirkt wie ein verwischter Abdruck inmitten eines Wäldermeers. Wenn wir nicht wüssten, dass es da ist, hätten wir es gar nicht bemerkt. Man kann aber keine Einzelheiten ausmachen, und selbst das steile Scheunendach ist nur ein winziger Punkt. Ich erkenne die Narben auf meiner Lichtung, aber auch nur, weil sie sich wund und gelb vom Grün abheben.

E. F. hat einen wunderbaren deutschen Feldstecher, der sich ganz einfach in die Tasche stecken lässt. Er ist leicht, aber sehr wirkungsvoll. Vom ersten Augenblick an habe ich meinen Freund darum beneidet. Wenn ich ihn vor die Augen halte, schwinden die Entfernungen und mir erschließt sich eine Welt der Motive und Details, die ich mir nie erträumt hätte. Einen solchen Feldstecher zu besitzen, kann ich mir aber gleich aus den Kopf schlagen, denn mein Blockhaus hat derzeit Vorrang, und es ist kein Geld für Luxusartikel da.

E. F. sitzt am bröckligen Rand des Abgrunds und hat seinen Feldstecher auf meine Baustelle gerichtet. Nachdenklich starrt er durch die Gläser und sagt dann versonnen: »Hmm. Der zweite Fundamentstamm liegt tatsächlich schief.«

Wir haben mehrere Tage herrlichen Wetters mit fabelhaften Wanderungen. Manchmal sind die Mücken eine Plage, und hin und wieder behindert dichtes Gestrüpp unseren Weg. Einmal, nach einem besonders frustrierenden Kampf durch ein widerspenstiges Fichtengehölz sagt E. F. zu mir, »Jetzt weiß ich, dass ich zu allem fähig bin«. Die meiste Zeit halten wir uns aber an einfacheres Gelände am Rand der Gebirge und überqueren eine Reihe von Talmulden mit Seen, die sich wie Juwelen von den Gletschern im Hintergrund abheben. Mich hat das seltsam geformte, glitzernde Eis mit seinen blauen und grünen Spalten schon immer fasziniert, aber E. F., der gerade vom Columbia Icefield in den Rocky Mountains kommt, ist weniger beeindruckt.

Oft waten wir durch wahre Blumenfelder, die in ihrer Farbenpracht und sorglosen Schönheit von keinem Gärtner nachgeahmt werden könnten. Paintbrushes glänzen in allen Schattierungen von weiß bis rot, dazwischen sprießen die duftenden Ähren einer weißen Orchideenart, purpurne Bartfaden und goldene Blüten setzen weitere Farbakzente, desgleichen die malvenfarbenen Zwergmargariten, die das Tageslicht nach dem Untergang der Sonne zu speichern scheinen und in der Dämmerung seltsam leuchten. Viele der Blumen kenne ich nicht mit Namen. Sie sprießen in üppiger Farbenpracht und geordnetem Überfluss in kleinen Gruppen um Sümpfe, an Bächlein, um Teiche und an plätschernden Wasserfällen. Als ich mich enthusiastisch über die Blütenfülle ergehe, ist E. F. in Gedanken schon wieder anderswo. Er hat eine Abneigung gegen nasse Füße, in der ihm nur noch mein Hund gleichkommt, und er wendet unglaublich viel Zeit und Energie darauf auf, seine Stiefel vor Nässe zu schützen.

Eines Tages, als wir uns einen Weg über einen losen Steinschlag bahnen, höre ich seinen heiseren Ruf: »Ein Bär! Ein Bär!«. Es stimmt, neben einem Tümpel streicht ein Grizzly herum. Er kann uns riechen, denn seine Nase schnuppert suchend die Luft ab, und sobald er unsere Richtung ausgemacht hat, latscht er schnell davon.

Auf der anderen Seite der Mulde ist eine steile Schneehalde, um die wir einen recht langen Umweg machen müssen. Wir sind zu einen Tagesausflug unterwegs, und als wir später an dieselbe Stelle zurückkommen, sehen wir, wie die Spuren des Grizzly direkt über die Schneehalde führen. E. F., der ein guter Skifahrer ist, beschließt, der Spur zu folgen, anstatt erneut den Umweg zu machen. Im Gegensatz zu mir hat er keine Angst vor Steilhängen, und selbst als die Spur des Bären wieder kehrt-macht, geht er weiter. Ich lasse mich nicht in Versuchung brin-gen und nehme den langen Weg. E. F.'s Kopf verschwindet immer weiter nach unten, plötzlich rutscht er aus und stürzt auf die Felsbrocken am unteren Rand der Halde zu. Ich höre einen lauten Schmerzensschrei, dann herrscht Stille.

Es dauert einige Zeit, bis ich die Stelle, wo er gelandet ist, er-reicht habe. Er liegt im Matsch, an der einzig weichen Stelle zwischen den zackigen Felsen am Ende der Schneehalde. Und er schreit, weil seine Stiefel nun wirklich nass geworden sind.

Wir gehen langsam um die Seenkette herum und machen uns auf der Südseite der Hochebene schließlich auf den Heim-weg. Hier liegen in den Tiefen weniger Eis und Schnee, denn sie sind auf dieser Seite stärker der Sonne ausgesetzt. Die Wie-sen sind mit Blumen übersät, und überall auf dem Berghang gibt es Murmeltiere. Die fetten, plumpen Geschöpfe, denen die Haut in Falten herunterhängt, ernähren sich von Lupinenwur-zeln und schlafen sieben Monate im Jahr. Für die Grizzlybären, die manchmal ganz große Flächen auf der Suche nach ihnen aufgraben, sind sie ein Festschmaus. Doch die Erdlöcher der Murmeltiere sind recht gewunden und kompliziert, und außer-dem sehen die Tiere ausgezeichnet. Eines davon hält immer Wache, und sein schriller Ruf, der sich wie der Pfiff eines Bootsmanns anhört, warnt alle anderen in einem Umkreis von mehreren Kilometern. Die kleinen Wächter bemerken uns immer sofort, und wir kommen uns vor wie Kapitäne, die bei ihrem Besuch in den Bergen feierlich mit einem Pfeifkonzert angekündigt werden.

Am neunten Tag unserer Wanderung stoßen wir plötzlich auf Stiefelabdrücke. Es ist der erste Hinweis auf andere Menschen, den wir seit unserem Aufstieg aus dem Atnarko-Tal gesehen haben. Wir sind nun am Fuß der Seenkette angekommen und gehen über die Baumgrenze hinunter zum Campingplatz am oberen Ende des Naturpfads, der vom Frachtweg heraufführt. Ich werde mich hier von E. F. trennen, denn der Pfad ist gut markiert, und er wird keine Schwierigkeiten haben, seinen Weg zurück zum Highway zu finden. Der Campingplatz ist verlassen. Wir stellen unsere Rucksäcke ab und wandern dann den letzten Kilometer zum Wasserfall. Ich kann mich noch gut erinnern, wie aufgeregt ich war, als ich ihn zum ersten Mal sah. Wie von magnetischer Kraft angezogen, wanderte mein Blick zum gähnenden, Furcht erregenden Abgrund hin, über den sich der dünne Wasserstrahl so langsam und hypnotisch immer weiter in die Tiefe ergoss, dass ich mich an einen dünnen, von vielen Händen glatt polierten Baumstamm nahe am Rand klammern und schließlich meinen Blick abwenden musste. Voller Stolz führe ich E. F. zu der Stelle, als ob die überwältigende Pracht des Schauspiels vor uns mein eigenes Werk wäre. Dabei hätte ich mir seine Reaktion doch denken können.

»Das Ganze ist ein wenig lahm«, sagt er, »nach den Niagara-Fällen.«

Nun gehen wir getrennter Wege. E. F. ist nicht mehr der gepflegte Mann, der er ursprünglich war. Anstatt seiner üblichen perfekten Bräune hat er eine rote Nase, und stellenweise geht ihm die Haut im Gesicht ab, denn die Sonne hat ihn ganz ungleichmäßig verbrannt. Die Haare stehen ihm wirr vom Kopf, ,und sein Bart ist strubbelig. Dabei sieht er aber viel menschlicher aus. Doch in zwei Tagen wird er wieder in Köln sein und die Situation sicher bald bereinigt haben.

Ich gehe über die Hochfläche und nehme den Vermesserpfad, der mich zum Lonesome Lake zurückführt. Der heiß begehrte Feldstecher ist in meiner Jackentasche, denn mein Freund hat ihn mir beim Abschied in einem Anfall von Großzügigkeit geschenkt. Ich nehme schnell einen Schluck vom eisigen Quellwasser und stapfe dann den steilen, in die Knie gehenden Pfad hinunter. Das ferne Tosen des Atnarko dringt aus der Tiefe des Tals zu mir herauf. Die Bäume um mich herum sind jetzt viel höher, und auch die Stimme des Winds ist tiefer geworden. Ich denke an die Zeit, die ich mit E. F. verbracht habe und habe den starken Verdacht, dass er trotz seiner ständigen Klagen unsere Wanderung wirklich genossen hat. Ich würde sogar wetten, dass ihm die Erfahrungen der vergangenen Tage noch lange in Erinnerung bleiben werden, und stelle mir vor, wie er seinen Freunden in der Stadt die Strapazen unserer Wanderung mit den Worten »Jetzt weiß ich, dass ich zu allem fähig bin« beschreiben wird. Er wird sich an seine Leistungen und nicht an seine Enttäuschungen erinnern, und so soll es schließlich ja auch sein.

Die Wände wachsen in die Höhe

Bevor ich von Salmon Arm hierher kam, hatte ich einige Zeit bei einem gelernten Blockhausbauer verbracht und ihm und seinen Gesellen bei der Arbeit zugesehen. Sie bauten damals mehrere Häuser auf einmal, die sie nach ihrer Fertigstellung ein Jahr lang ruhen lassen. Dann werden sie wieder auseinander genommen und auf den Grundstücken ihrer Kunden aufgestellt. In den Händen von Experten wie diesen sieht das Einzapfen recht einfach aus. Die Sägen werden mit der Präzision eines Zahnarztbohrers gehandhabt, und sie streichen über die abgerundeten Schnittflächen wie über Eierschalen hinweg. Wenn die fertigen Stämme an ihren angestammten Platz gerollt werden, sitzen die Fugen makellos glatt und so knapp wie bei Inkabauten.

Die Fachleute waren nicht erpicht darauf, mich an ihren Stämmen üben zu lassen, und so war ich gezwungen, einfach zuzusehen und zu versuchen, mich bei meinem eigenen Hausbau an alles genau zu erinnern. Als Erstes muss ich die Stämme in Stellung bringen, damit die Ausfräsungen gemessen werden können. Auf Anraten der Turners lege ich die Pfähle angewinkelt gegen die Enden der unteren Fundamentstämme und befestige sie mit Nägeln, so dass ich die nächsten Stämme auf diesen Gleitschienen hinaufrollen kann. Dabei handelt es sich um die neun Dielenbalken, die die vier Fundamentstämme überspannen. Ein jeder davon muss vier Ausfräsungen bekommen, insgesamt also sechsunddreißig Ausfräsungen.

Mit zwei Leuten und ein Paar Krampen ist das Heben der Balken in so geringe Höhe kein Problem, und sobald sie auf den Fundamentstämmen liegen, kann ich sie leicht herummanövrieren und allein bearbeiten.

Der äußere Dielenbalken ist gleichzeitig auch der unterste Mauerbalken an der Ostseite des Hauses, die am weitesten vom Fluss entfernt ist und die kürzere Seite des L-förmigen Grundrisses bildet. Ich bringe den Balken in Stellung und markiere mit dem Bleistift grob die Ausfräsung um die geplante Fuge. Dann drehe ich den Stamm auf den Rücken, klemme ihn mit Felsbrocken fest und lasse meine kleinere Säge an. In Abständen von zweieinhalb Zentimetern mache ich senkrechte Einschnitte bis an den Rand meiner Bleistiftmarkierungen und klopfe das ausgeschnittene Holz mit einem schweren Hammer aus der Rundung, in der kleine Zacken zurückgeblieben sind, wo das Holz abgesplittert ist. So weit, so gut.

Nun kommt der Eierschalentrick. Ich lasse die Säge erneut an und gehe davon aus, dass das Sägeblatt sanft um die Wölbung gleitet. Aber meine Säge hat andere Vorstellungen. Sie ist für gerade Schnitte gedacht, und ihre Zähne sägen gleich über meine Bleistiftmarkierungen hinaus. Also versuche ich es mit der Spitze des Sägeblatts, aber da beginnt die Säge wie wild zu wackeln, so dass meine Unterarme von den Vibrationen bald ganz starr sind.

Zum Glück waren das nur die groben Ausfräsungen. Ich bringe den Stamm wieder in Position, damit ich genauere Markierungen anbringen kann. Die mache ich mit einer Art Zirkel, der wie ein Kompass aussieht und an einem Ende eine Spitze und am anderen einen Bleistift hat. Wenn ich die Spitze über den Fundamentstamm laufen lasse und den Bleistift gleichzeitig gegen den Querbalken drücke, bekomme ich einen genauen Umriss der Ausfräsung.

Die Säge um die Rundung zu kriegen ist allerdings eine wesentlich schwierigere Aufgabe. Irgendwie hacke ich das Holz dann aber doch aus der Rundung, deren Kanten allerdings voller Zacken und alles andere als glatt sind. Es ist ein Glück, dass diese ersten Ausfräsungen unter den Dielen niemand zu Gesicht bekommt.

Nach sechsunddreißig Versuchen bin ich schon etwas besser geworden, aber jetzt muss ich mich an den ersten Balken der nördlichen Hauswand machen, der acht Meter lang ist. Für den sind nicht nur die neun Ausfräsungen notwendig, in die die Enden der Dielenbalken passen müssen, sondern ich muss auf dem Stamm auch eine Längskerbe anbringen, damit er genau in den Fundamentstamm darunter einrastet. Ich adaptiere damit die so genannte skandinavische Methode für die Kettensäge. Mit dieser Methode wurden die ehemals im Tal vorherrschenden Blockhäuser gebaut, bei denen die Stämme mit der Axt behauen wurden.

Das Anbringen der Längskerbe ist nicht einfach. Ich muss den Stamm zuerst grob ausfräsen und dann den Zirkel weit genug ansetzen, damit alle Ausfräsungen berücksichtigt werden

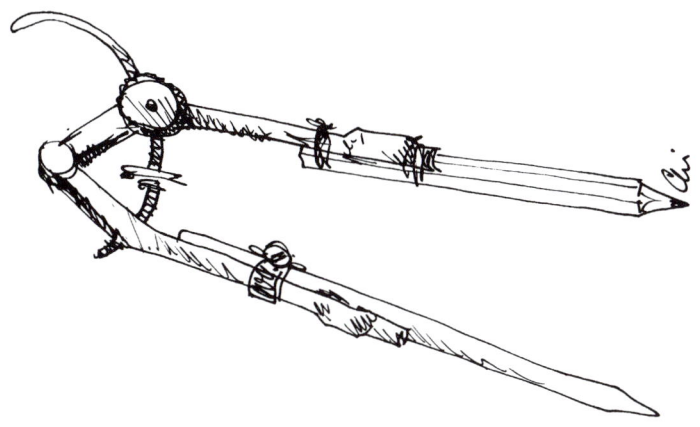

und dabei auch die Unregelmäßigkeiten des unteren Stamms auf die Unterseite des darüber liegenden Stamms übertragen werden. Ich entdecke dabei, dass eine Kettensäge, vor allem eine mit normalen Zähnen, Längsschnitte nicht mag. Es ist nicht nur schlecht für das Gerät, das Unmengen von Benzin dabei verbraucht, sondern auch recht anstrengend für die Person, die sägt. Wenn ich das je wieder mache, werde ich an einer größeren Säge eine Reißkette speziell für Längsschnitte anbringen. Aber jetzt, wo ich mit dem Bauen angefangen habe, will ich keine Zeit mit weiteren Einkäufen verlieren.

Als ich den gekerbten Baum wieder in Stellung gebracht habe, sitzt er so schlecht, dass ich ihn erneut anreißen und schneiden muss. Ich brauche zwei Tage, bis ich mit dem Endergebnis zufrieden bin. Dann muss ich den Stamm aber noch einmal auf den Rücken legen, damit ich Fiberglasstreifen in die Rillen und Kerben stopfen kann. Erst dann wird er mit einem kräftigen Ruck wieder umgedreht und mit dem Kanthaken in die richtige Lage gebracht, in der er dann hoffentlich auch bleiben wird.

Inzwischen sind meine Hauswände höher geworden und meine Gleitschienen länger und steiler. Das Sägen gelingt mir schon mit viel mehr Präzision, aber beim Anreißen habe ich noch immer Probleme, vor allem wenn ich die oberen Stücke eines Baums als Bauholz verwenden musste. Sie sind voller Astknorren und selbst nach dem Hobeln noch bucklig.

Mit seinem L-förmigen Grundriss hat mein Haus sechs Mauern. Wenn alles gut geht, schaffe ich drei Stämme oder eine halbe Runde an einem Tag. Jeden Abend kommen die Turners zu mir herüber und helfen mir, meine Quote für den nächsten Tag hochzuheben. Dabei macht mein Haus gute Fortschritte, und ich bin von meinem Erfolg begeistert.

Als die Wände für die Gleitschienen zu hoch werden, muss ich zum Heben der Stämme Rüstbäume verwenden. Das sind senkrechte Pfosten, die in den Ecken des Baus angebracht, mit Halteseilen am Fundament befestigt und an den gegenüberliegenden Mauern verankert werden. An den Rüstbäumen bringen wir Flaschenzüge zum Heben der besonders schweren Stämme an.

Doch nun entstehen neue Probleme. Da ich den oberen Teil der Mauern nicht mehr vom Boden aus erreichen kann, muss ich lernen, zum Schneiden der Ausfräsungen an den Mauerecken zu balancieren und beim Anbringen der Längskerben auf dem jeweils obersten Stamm langsam nach rückwärts zu tappen. Dabei kommen die gezackten Sägezähne meinen Füßen immer gefährlich nahe, und da der Abstand vom Boden mit jeder neuen Lage von Stämmen beängstigend zunimmt, darf ich gar nicht an die Möglichkeit eines Sturzes denken.

Zu allem Überfluss gibt es nun auch Probleme mit der kleinen Säge, die ich zum Bearbeiten der Stämme verwendet habe. Unter Jacks wachsamen Augen nehme ich den Vergaser auseinander und entdecke mikroskopische Maschinenteilchen, von deren Existenz und Funktion ich bisher gar nichts gewusst hatte. Anscheinend haben sich irgendwelche Bolzen verschoben oder sind ganz einfach aus dem Gehäuse gefallen. Mit einer Bandage aus Zaundraht versuche ich nun, die Säge wieder zusammenzuhalten. Eines Tages aber springt sie gar nicht mehr an, und ich muss die größere Säge verwenden. Ihr Sägeblatt ist viel länger, was die Handhabung viel schwieriger und gefährlicher macht. Ihr Rückstoß ist so stark, dass er mich zweimal von der Mauer wirft. Beide Male lande ich unversehrt auf dem Boden, aber einmal spüre ich den Wind von den surrenden Sägezähnen direkt auf meinem bloßen Arm. Das jagt mir einen derartigen Schrecken ein, dass ich zunächst nicht wage, auf meinen Arm zu schauen, aus lauter Angst, dass er nicht mehr da sein könnte.

Auch der Regen behindert die Arbeit. Es wäre selbstmörderisch, die Baumstämme in der Nässe bearbeiten zu wollen, und selbst wenn ich die Längskerben anbringen könnte (denen ich jetzt mit einem Meißel den letzten Schliff gebe), kann ich das Isoliermaterial nicht einlegen, denn sobald es nass wird, ist es unbrauchbar. Manchmal muss ich auch warten, bis die Turners wieder mal Zeit haben, ein paar Stämme zu heben. Der nasse Sommer hat das Heuen verzögert, denn sie waren gezwungen,

etliche Arbeiten mehrmals zu wiederholen. Die Stämme, die noch im Dunkel des Waldes liegen, sind inzwischen schwarz angelaufen und verschimmelt. Das ist bei Bäumen, die im Sommer gefällt werden, immer ein Problem, denn der Schimmel nährt sich von den Säften im Stamm. Wahrscheinlich hätte sich das vermeiden lassen, wenn es mir möglich gewesen wäre, die Stämme ins Freie zu bringen und sofort nach dem Entrinden auf Querhölzern zu lagern. Aber ohne die Pferde hatte ich keine andere Wahl.

Schließlich gibt auch die große Säge ihren Geist auf. Der Bolzen zum Anziehen des Sägeblatts ist verschwunden, ich habe keinen Ersatz dafür, und die Säge lässt sich auch mit dem Zaundraht nicht mehr reparieren. Ich stecke die schmierigen Geräte also in meinen Rucksack und marschiere das Tal hinunter, um sie wieder instand setzen zu lassen.

Es ist jetzt Anfang September, und an diesem Wochenende findet der Bella Coola Valley Fall Fair statt. Dem Außenseiter mag dieses herbstliche Volksfest recht langweilig erscheinen, denn allein schon die Haupthalle, bei der es sich um einen schmucklosen Schuppen mit einem unverkleideten Bogendach aus Asbest handelt, ist wenig einladend. Auch die Beleuchtung ist schlecht, und es ist nur wenig Platz für die Ausstellungsstücke vorhanden, deren Niveau oft viel zu wünschen übrig lässt. Mag sein, dass das Gebotene in größeren Ortschaften fürs Auge vielleicht attraktiver ist, aber so viel Spaß wie wir hier haben die Leute dort bestimmt nicht.

An diesen Volksbelustigungen nehmen alle teil, und niemand fühlt sich wie ein Fremder. Am Donnerstag vor dem Volksfest, das am Wochenende stattfindet, werden die Ausstellungsstücke hergebracht. Die Leute kommen mit riesigen Rüben, gigantischen Kohlköpfen, Backwerk, Handarbeiten und Eingemachtem von weither. Schwerer Blütenduft erfüllt den ganzen Raum, und Kinder laufen mit allen möglichen selbst gefertigten Kunstwerken zwischen den Tischen hin und her. Am Freitag wird das Gebrachte beurteilt, und am Samstag strömen die Leute aus dem ganzen Tal herbei, um zu sehen, wer die roten Karten und wer den heiß ersehnten ersten Preis mit der blauen Karte bekommen hat. Dass die Blumen inzwischen schon ein wenig welk sind und das Backwerk nicht mehr ganz so frisch ist, stört niemanden. Da ist ja der Umzug, der Karneval, da sind die Ansprachen, Fahrten im Zug, der statt von einer Lok von einem Traktor gezogen wird, und die köstlichen Pies, die das ganze Jahr über von den Damen des Cafés im Co-op-

Laden gebacken werden. Sportliche Holzfällerwettkämpfe stellen am Nachmittag das Können all jener, die mit Axt und Kettensäge ihren Unterhalt verdienen, auf die Probe. Unser weibliches Tauziehteam kann sich in keiner Weise mit dem überlegenen Team der Kreditgenossenschaft messen, und ich muss zu meiner Schande gestehen, dass ich beim Nageleinschlagen der Frauen nicht unter den ersten Drei aufscheine.

Der Sommer ist plötzlich vorüber. Seit meiner Rückkehr vor zwei Tagen hat der Wind seine Richtung geändert, es ist kalt geworden, und ein wilder Sturm hat den Schnee bis tief ins Tal hinuntergetrieben. Als sich die Wolken auflösen, kommt der Berg langsam wieder zum Vorschein. Er funkelt in winterlichem Glanz, umgeben von graublauen Schatten. Drei wolkenlose Tage mit beißendem Nachtfrost haben einen letzten Ansturm von Kriebelmücken produziert, die mir schwerfüßig über Gesicht und Arme krabbeln bei ihrem verzweifelten Versuch, vor Einbruch des Winters noch schnell Nahrung zu finden und sich noch einmal fortzupflanzen. Als ich diesen kleinen Monstern zum ersten Mal begegnete, ließen sie riesige, juckende Beulen auf meiner Haut zurück, die mich fast zum Wahnsinn getrieben hatten und erst nach Tagen wieder zurückgingen. Mein Gesicht war von pestartigen Pusteln bedeckt, und ich sah aus, als ob ich einer exotischen Seuche zum Opfer gefallen wäre. Jetzt haben ihre Bisse keine Wirkung mehr, aber ihr Krabbeln irritiert mich noch immer.

Der Garten sieht schwarz und verkohlt aus. Die Kartoffeln sind aber sicher unter der Erde. Wir graben sie aus und bringen dann auch die Erbsenranken in die Scheune, wo wir sie an Raufen in den Dachsparren zum Trocknen aufhängen. Trotz ihres zweifelhaften Aussehens werden sie später ein recht akzeptables Futter für die Kühe abgeben. Unser Küchenzettel ist plötzlich voller Äpfel, die der Wind im Turner'schen Obstgarten ohne Unterlass von den Bäumen weht. Der Wald leuchtet in den verschiedensten Farben. Zwischen den warmen Tönen des kanadischen Hartriegels und dem Gold der abgefallenen Birkenblätter setzt die Sarsaparille pastellbraune und burgunderrote Farbakzente. Es ist Herbst geworden.

Die Lachswanderung

Im Herbst bietet der Atnarko River ein faszinierendes Schauspiel, denn entlang seiner gesamten Länge laichen fünf verschiedene Arten des pazifischen Lachses. Eine jede dieser Gattungen hat ihren eigenen Zeitplan und ihr eigenes Territorium. Auf dem Abschnitt des Flusses, der durch mein Grundstück läuft, konzentrieren sich vor allem Rotlachse. Die Art, wie sie sich nach vier oder fünf Jahren im Meer wieder den Fluss hinaufmühen und ihr Kampf um die Steine, über denen sie ehemals gezeugt worden waren, aber auch ihr langsames und dramatisches Scheiden aus dieser Welt halten mich immer wieder in ihrem Bann.

Wenn die Fische Mitte Juli erstmals im Fluss auftauchen, bemerkt man sie kaum, denn ihre Körper sind so silbrig wie die Wellen, und sie verbringen die Tage in den Tümpeln und ziehen erst in der Nacht wieder weiter. Wenn ich damals neben den Pappelstämmen im Horseshoe Bend geschwommen bin, fiel mir in einem der Wirbel manchmal ganz plötzlich ein schattiges Wesen mit breiten Flossen auf. Bei gutem Licht konnte ich dann auch ganze Geschwader dunkler Umrisse auf dem Grund der tiefsten Tümpel erkennen.

Die Wanderung der Fische den Fluss hinauf dauert zwei bis drei Monate, und sie machen während dieser Zeit eine erstaunliche Transformation durch. Ihre stromlinienförmigen silbrigen Körper werden bucklig und rubinrot, und ihre flaschengrünen Köpfe verlängern sich zu gefährlich gekrümmten Schnäbeln mit abgeschrägten, knochigen Zähnen um die Ränder. Sobald die Fische das salzige Meerwasser hinter sich gelassen haben, nehmen sie keine Nahrung mehr zu sich, und ihre Zähne entwickeln sich lediglich zu Waffen, mit denen sie ihre Rivalen in Stücke reißen können.

Anfang September verlassen die Lachse plötzlich den Schutz der Tümpel und machen sich auf den Weg, ihre Territorien über den Kiesbänken in Anspruch zu nehmen. Wie buntes, im Licht der Sonne glänzendes Glas heben sich ihre karmesinroten Leiber von den golden schimmernden Kieselsteinen und den gletschergrünen Wassertümpeln ab. Innerhalb einer Woche schwärmen sie in dichten Reihen mit einem Abstand von bis zu einem halben Meter zwischen den einzelnen Paaren den Fluss hinauf. Die Strömung über den seichten Stellen ist stark, und die Fische müssen kräftig schwimmen, wenn sie ihren Platz in der Gruppe beibehalten wollen.

Überschüssige Energie verleiht ihnen die Kraft, hoch über den Fluss zu schnellen oder sich an seichten Stellen, wo ihre Körper nur halb vom Wasser bedeckt sind, hektisch vorwärts zu winden. Dem Beobachter mag dieser blinde Drang zwecklos erscheinen, denn die Fische schwärmen dabei lediglich in ihr altes Territorium zurück, oft mit klaffenden Wunden, wenn sie einem Rivalen zu nahe gekommen sind. Tag und Nacht höre ich die klatschenden und platschenden Laute ihres anstrengenden Aufstiegs über dem kiesigen Murmeln des Flusses.

Fasziniert beobachte ich sie vom Pfad über dem Tümpel am Ende des Stillwater. Hier sind sowohl Buckellachse als auch Rotlachse versammelt. Ich sehe, wie sie in die Tiefe tauchen und dann ungestüm an die Oberfläche kommen. Das Wasser ist hier so klar, dass man die feine Trennlinie zwischen Luft und Wasser erst erkennt, wenn die Fische in einem explosionsartigen Sprühregen hochspringen. Diese kleineren, agilen Geschöpfe unterscheiden sich ganz wesentlich von den viel größeren Frühlingslachsen, die sich auch in diesem Tümpel aufhalten und die den Fluss weit hinaufwandern und dann oberhalb des Hauses laichen. Wie riesige rosa Torpedos liegen sie fast bewegungslos nahe am Ufer.

Für die Wanderung der Rotlachse ist die Stoßzeit Ende September. Das Laichen findet in der Nacht statt. Ich habe es noch nie beobachtet, aber manchmal sehe ich im Tageslicht, wie sich einer der Fische auf die Seite legt und mit einer anmutigen Bewegung des Schwanzes den Sand hochwirbelt. Es ist sicher viel Kraft erforderlich, die erdbeergroßen Steine, die den Großteil des Flussbetts bedecken, zu lockern. Die korallenroten Eier würden vom Fluss gleich weggewaschen werden, wenn die Fische sie nicht sofort mit Steinen abdeckten. Etliche der Millionen Eier landen dabei aber doch im stehenden Gewässer, wo sie von Forellen, Gänsesägern und anderen Räubern begierig erwartet werden.

Nach dem Laichen setzt das große Fischsterben ein. Wenn die Lachse zu Beginn ihrer Wanderung über die Kiesbänke gleiten, weisen einige bereits einen dicken weißen Streifen auf dem Rücken auf, bei dem es sich um parasitäre Pilze handelt, die sich schließlich vom Rücken aus in Rosetten und Flecken über den ganzen Körper ausbreiten. Der Fisch verliert seine Farbe, Flossen und Schwanz werden schlaff und durchscheinend. Trotzdem kämpfen sie sich weiter und winden sich taumelnd vorwärts, bis einer nach dem andern schließlich aufgibt. Mit einem starren Blick aus den schwarz umringten Augen treiben sie, auf der Seite liegend, ab und leisten nur hin und wieder zappelnd Widerstand. Sicher hat sich mit dem Körper auch das Gehirn zersetzt, aber trotzdem ist es ein ergreifender Anblick, sehen zu müssen, wie die noch immer prächtig glänzenden Fische in die Tümpel taumeln und schließlich auf die Kiesbänke gespült werden, wo ihre Körper verwesen, und wie die Raben die Augen aus den Höhlen picken.

Im Oktober beginnt der Fluss recht übel zu riechen. Ende November, wenn wir hier Thanksgiving feiern, hole ich mir mein Trinkwasser dann lieber aus einer Quelle auf der anderen Flussseite, aber bald erfrischt der Herbstregen dann wieder die Luft. Weiter flussabwärts zwischen Stillwater und Stuie, wo sich der Strom in mehrere gewundene Arme teilt, laichen die Buckellachse in großer Zahl, und der Gestank von den toten Fischen hängt dort wochenlang in der Luft.

Für alle, die keine so feinen Gaumen haben wie wir, liefern die lebenden und sterbenden Lachse eine wahre Fressorgie. Die räuberischen Spinnenfische suchen sich die versteckten Eier, Eisvögel, die großen Graureiher und die Gänsesäger fressen die kleineren Fische, für die Otter sind auch die größeren kein

Problem, und Raben, Krähen, Möwen und die weißköpfigen Seeadler verzehren alles, was sie gerade erwischen.

Die Adler sind von Natur aus faul und diebisch. Nur selten fangen sie sich ihr eigenes Futter, viel lieber jagen sie es den anderen ab. Als ich einmal ein markdurchdringendes Krächzen hörte, sah ich, wie ein Adler einen Reiher angegriffen hatte und ihm anscheinend einen Fisch stehlen wollte. Meinem Blick bot sich ein seltsam linkisches Ballett, das die beiden so unterschiedlichen Vögel um die Beute vollführten, bevor sie sich trennten. Da sie zu weit weg waren, konnte ich nicht sehen, was mit dem Fisch geschehen war, aber nach ihrem Flug zu urteilen, hatte ihn schließlich keiner erwischt. Ein andermal beobachtete ich einen Adler, der ein paar Schritte von drei Ottern entfernt auf einer Sandbank stand. Die Otter hatten offensichtlich keine Angst vor ihm und ignorierten ihn ganz einfach. Doch der Adler war sehr an ihrer Mahlzeit interessiert. Wild starrte er die Otter an, machte sich seitlich ein paar Schritte an sie heran und erhob sich dann in die Luft. Mit zwei kräftigen Flügelschlägen war er direkt über den Ottern, die sich mit ihrem Fisch ohne Eile ins Wasser gleiten ließen und sobald er weg war, wieder hervorkamen. Der frustrierte Adler machte langsam kehrt und stieß erneut herab, aber die Otter nahmen wieder keine Notiz von ihm, und so zog er schließlich unverrichteter Dinge entrüstet ab.

Das beliebteste Ziel der Weißkopfseeadler bei ihren Diebestouren sind die Fischadler. Diese großen, weißbrüstigen Vögel sind im Herbst häufig zu sehen, und ich höre oft, wie sie auf ihrer Nahrungsjagd ins Wasser plumpsen. Für gewöhnlich fliegen sie dann mit leeren Fängen wieder weg, aber einmal tauchte einer direkt vor meinem Haus in den Fluss und kam nur schwer wieder hoch. Er war halb untergetaucht und schien in der starken Strömung zu ertrinken. Mit kräftigen Flügelschlägen rettete er sich schließlich aber doch in stilleres Gewässer und von dort auf eine Kiesbank. In seinen Krallen trug er eine große Forelle. Der Fischadler schüttelte sich das Wasser vom Gefieder und ruhte sich einen Moment lang aus. Als er wieder abhob, wand sich der Fisch in seinen Krallen, und der Vogel musste seinen Griff verlagern. Ganz offensichtlich hatte er vor, sein Opfer auf seinen Lieblingsplatz im Wipfel einer großen Tanne zu bringen, aber das Gewicht des Fischs zog ihn nach unten, und er gewann nur schwer an Höhe. Da stürzte ein Weißkopfseeadler herab. Im folgenden Durcheinander war ein Plumpsen zu hören, und der von seiner Last befreite Fischadler hob sich in die Lüfte. Er hatte seinen Fisch verloren, aber auch der Seeadler ging leer aus. Tatsächlich habe ich nie einen Raubüberfall gesehen, der erfolgreich war.

Es gibt einen wichtigen Gast bei diesem alljährlichen Fressgelage, der nicht mit einem so nüchternen Interesse behandelt werden kann. Es ist der Grizzlybär. Ich habe zwar nur einen davon einmal kurz gesehen, bin mir seines Rufs aber durchaus bewusst. Allerdings habe ich den Verdacht, dass seine Gefahr recht übertrieben wird, denn die meisten wilden Tiere ziehen es vor, sich von den Menschen und ihren Besitztümern fern zu halten. Ein Unfall ist nur dann berichtenswert, wenn er Seltenheitswert hat, und die Fälle, wo Grizzlys Menschen angegriffen haben, sind so rar, dass sie immer Schlagzeilen machen.

Nur wenige Menschen haben das Privileg, einen Grizzly in der freien Natur zu sehen, und kaum jemand kann sich gefährlicher Begegnungen mit diesem Riesen rühmen. Tatsache ist, dass die Tiere enorme Kräfte, Furcht erregende Krallen und Zähne und ein launisches Gemüt haben und damit durchaus gefährlich werden können. Nachdem im weichen Erdreich am Flussufer eines Tages riesige Pfotenabdrücke zu sehen waren, nehme ich daher gern den Rat der Turners an und verlege mein Lager in Trudys Hütte, mit der sie ursprünglich ihren Anspruch auf das Land angemeldet hatte. Trudy hatte das zweieinhalb mal vier Meter große Häuschen, das jetzt als Lagerschuppen dient, ganz alleine in nur acht Tagen mit der Axt gebaut. Das Dach wird zwar weiter instand gehalten, aber die Hütte hat keine Türe und keine Fenster mehr. Da sie vom Fluss ziemlich weit entfernt ist und an keinem Wildwechsel liegt, ist sie aber viel sicherer als mein Lager. Die Grizzlybären haben hier nie versucht, in irgendwelche Gebäude einzudringen.

Abends ist es jetzt recht kalt. Der kleine rostige Campingofen ist so altersschwach, dass es zu gefährlich wäre, ihn in der Hütte aufzustellen, und so steht er jetzt auf einer Lage Kies unter dem Vordach. Vor allem wenn der Wind weht, gibt er nur wenig Wärme ab, und ich kauere nur kurze Zeit zum Kochen und Abendessen davor. Dann verkrieche ich mich schnell wieder in meinen Schlafsack auf dem Zedernholzboden.

Frühmorgens herrscht klirrender Frost, und nach dem Frühstück bin ich froh, mich an die Arbeit machen zu können und mir dabei meine vor Kälte starren Füße anzuwärmen. Meine Stiefel haben auch schon bessere Tage gesehen, und wenn das

Eis auf dem Gras schmilzt, läuft das Wasser durch die vielen Risse in den Nähten. Der Fluss hat im frühen Licht des Morgens eine bläuliche Farbe angenommen, und durch den Dunstschleier sind die Lachse darin schwach erkennbar. Mir kommt die dumme Idee, dass ihnen kalt sein könnte, denn mich überläuft ein Frösteln, wenn ich sie nur anschaue.

Die Sonne geht spät auf und beleuchtet zuerst den frischen Schnee auf dem Berg, bevor sie langsam über die westliche Talseite kriecht und schließlich die Felder und mein Grundstück mit ihrer Wärme überflutet. Ihr Licht lässt den Frost wie einen Diamanten kurz aufblitzen, und Birkenblätter fallen wie goldene Münzen in der windstillen Luft zu Boden.

Aber jetzt ist es wieder an der Zeit, mir den Ohrenschutz aufzusetzen und mit der Arbeit zu beginnen. Für den Rest des Tages höre und spüre ich nichts mehr als nur das manische Kreischen der Säge und das Krabbeln der Kriebelmücken, die wieder ihre trägen Runden über meine Haut ziehen.

Urlaub

Jack Turner verbrachte einen Teil seiner Jugend auf Saltspring Island, einer Insel vor der Küste von British Columbia. Er möchte nun gerne wieder einmal hin und zu seinem ersten Besuch seit vierzig Jahren auch Trudy mitnehmen. Es ist für die Turners kein Problem, das Anwesen für ein paar Tage sich selbst zu überlassen, was sie bei ihren diversen Posttouren auch immer wieder tun, aber für ganze zwei Wochen ist das nicht möglich. Bis ich auftauchte, gab es niemanden, der sich für so lange Zeit um das Vieh gekümmert hätte. Während die Turners weg sind, werde ich nicht an meinem Haus arbeiten können, denn das Heben der Stämme ist ohne Hilfe ein Ding der Unmöglichkeit, und so werde auch ich während dieser Zeit Urlaub machen.

Als das Flugzeug dröhnend in den Himmel steigt, fühle ich mich wie beflügelt. Die Turners sind wirklich die besten Nachbarn, die man sich wünschen könnte. Sie drängen sich nie auf und sind immer mit Rat und Hilfe zur Hand, aber jetzt kann ich wirklich eine Zeit lang völlig allein sein, was für mich die größte Freiheit auf Erden ist.

Ich lege mich in die Sonne und überlege, was ich zuerst tun sollte. Lesen? Spazieren gehen? Meine vernachlässigten Farben und den Pinsel hervorholen und ein wenig malen? Ganz einfach Faulenzen wäre sicher auch schön?

Als Erstes ist allerdings ein Bad angebracht. Der Fluss ist jetzt zu kalt, und so mache ich das Wasser im Waschzuber auf dem Ofen warm und stelle den Bottich aufs Gras in die Sonne. Die längste Zeit schon irritieren mich meine Haare, weil sie mir dauernd in die Augen fallen und sich in meinem Kragen verheddern. Ich weiß, dass ich sie schneiden sollte, aber das Bild, das mich im Spiegel, den ich mir von den Turners geborgt habe, erwartet, übertrifft meine schlimmsten Befürchtungen. Die Person darin ist völlig verwahrlost! Mein Haar steht mir wild vom Kopf und ist vom Sägestaub völlig verklebt und struppig. Meine Kleider sind mit vielen Rissen und schwarzen Harzflecken ein Beweis für die harte Arbeit des Sommers. Meine Mutter würde mich in diesem Zustand total verleugnen. Ich lehne den Spiegel gegen den Waschzuber auf der Wiese und beginne mit dem Schneiden. Die Kühe weiden ganz in meiner Nähe. Die schwarzweiße Valerian und die rotbraun gefleckte Clarian (die sich mit »a« schreibt, weil ihr Name eine Mischung aus den Buchstaben der Namen ihrer Eltern ist), haben ihre halbwüchsigen Kälber bei sich. Immer auf Unterhaltung erpicht, stehen sie im Kreis feierlich um mich herum und starren wiederkäuend auf jede meiner Bewegungen.

Als sich die Bergschatten schon über die halbe Talseite ausgebreitet haben, ist es an der Zeit, die Kühe zu melken. Clarian steht trocken, aber Valerian gibt Milch. Ich habe Kühe in gewerblichen Milchwirtschaften auf der ganzen Welt gemolken und dabei Tausende von Tieren kennen gelernt. Alle waren individuell verschieden. Die Menschen in der Stadt erstaunt das,

denn sie vergessen, dass auch jeder Hund und jede Katze, mit denen sie zu tun hatten, eine eigene Individualität aufwiesen, vielleicht nehmen sie aber auch an, dass Kühe eine viel geringere Intelligenz haben. Wenn Geschöpfe, ganz gleich ob Mensch oder Tier, in großen Mengen zusammengepfercht werden, verlieren sie ihre Individualität. Für mich sind sich die Menschen in der Stadt in ihrem Bestreben nach Gleichförmigkeit erschreckend ähnlich. Ihre programmierte Welt gibt ihnen keine Möglichkeit, sich als Individuen zu entwickeln. Sie haben nicht nur keine Ahnung, was sich außerhalb der Grenzen ihres Lebensraums abspielt, sondern sind außerdem der Meinung, dass alles, was über ihren Erfahrungsbereich hinausgeht, bedeutungslos und nicht der Mühe wert ist, erforscht zu werden.

Aber zurück zu den Kühen. Genau wie bei einer jeden Gruppe von Menschen weist auch jede Herde eine ganze Skala verschiedener Charakteristiken auf. Von fett oder dünn über gefräßig oder sanft bis zu halsstarrig, ängstlich und herrisch ist alles vertreten. Die meisten Kühe passen sich nach dem ersten Kalben recht schnell ihrer Umgebung an, aber sie sind Gewohnheitsgeschöpfe. Alles geht gut, solange man ihren Launen Rechnung trägt. Schwierig wird es erst, wenn sie mit etwas Neuem konfrontiert werden. Dann können sie zu wahren Meistern des Starrsinns werden, und wenn sie sich nicht fügen wollen, machen sie ihre Beine, Hörner und die Kraft ihrer Körper zu durchaus ernst zu nehmenden Gegnern. Wenn ich Valerian bei guter Laune halten und selbst nicht ausflippen möchte, muss ich ihre Eigenheiten respektieren und mich an ihre Routine halten.

Anfangs sind die Tiere angebunden. Im Winter wären sie in der Scheune, aber jetzt genügt ein Baum oder ein Zaun – vorausgesetzt es handelt sich dabei um einen Baum oder Zaun, den sie kennen. Dann bekommen sie einen Eimer mit Gemüse, vor allem Kartoffeln und Küchenabfälle, vorgesetzt. Clarian frisst keine Äpfel, Valerian hingegen kann gar nicht genug davon bekommen. Für Valerian muss ich das Futter auf den Boden schütten, sonst nimmt sie keine Notiz davon. Und wenn sich Clarian durch ihre Kohlblätter und Kartoffeln gefressen hat, spielt sie gern mit dem Eimer und leckt ihn rhythmisch um den Rand herum ab. Das damit verbundene höllische Gerassel könnte einen zum Wahnsinn treiben.

Bevor ich mit dem Melken beginne, darf das Kalb kurz säugen. Valerian hat große harte Zitzen wie riesige Petersilienwurzeln. Die hinteren Zitzen sind am schwersten zu melken, und so halte ich die vorderen vorsichtig mit der Hand fest, während sich ihr ausgewachsener Sprössling stoßend und sabbernd über die hinteren hermacht. Lange bevor er genug hat, zerre ich ihn weg und binde ihn an. Er braucht die Milch nicht mehr, aber Valerian ist daran gewöhnt und gibt sonst keine Milch her. Da ihr mein Griff fremd ist und meine Hände und die Art wie ich melke wahrscheinlich anders sind als die von Trudy, binde ich ihre Hinterbeine vorsichtshalber mit einem Seil zusammen. Sie schlägt nicht aus, zappelt zuerst aber ein wenig herum, bis ich merke, dass sie es nicht mag, wenn ich mein Knie gegen ihren Bauch stemme. Ich bin viel größer als Trudy, und der Baumstumpf, den sie als Melkschemel benutzt, ist zu hoch für mich. Als ich einen finde, bei dem meine Beine mehr Platz haben, ist die Kuh vollauf zufrieden. Ihr riesiger Magen gurgelt friedlich an meinem Ohr, und die harten Zitzen werden langsam schlaff und leer. Ich habe keine Übung mehr im Melken, und meine Hände schmerzen.

Ich muss die Tiere in der richtigen Reihenfolge losbinden, denn Valerian ist der Boss, und wenn ich sie zuerst frei lasse, wird sie die anderen mit ihren Hörnern schikanieren. Angebunden könnten sie ihr nicht aus dem Weg gehen, und deshalb befreie ich sie zuerst.

Die Milch muss gefiltert und dann in einem Eimer im Fluss abgekühlt werden. Danach wird die Milch vom Vortag abgeschöpft und der Rahm pasteurisiert, bevor er in einem sterilisierten Eimer erneut gekühlt wird. Auf diese Weise bleibt er frisch, bis Trudy zurückkommt und Butter daraus macht.

Die zwei Wochen sind schon fast vorüber, und ich habe während dieser Zeit vor allem meine Einsamkeit genossen. Da ich den ganzen Sommer lang meinen Kopf dauernd über die Baumstämme gebeugt hatte und mit meinem Ohrenschutz fast nichts hören konnte, habe ich von meiner Umgebung kaum etwas mitbekommen. Jetzt kann ich mich ein wenig verwöhnen. Manchmal gehe ich zur Lagune zurück und treibe in meinem Kanu über dem Spiegelbild der gelben Birken im Wasser, oder ich laufe die fünf Kilometer zum Tenas Lake hinauf. Hinter dem hübschen kleinen, von Birken umsäumten Oval des Sees ragen die zerfurchten und zerklüfteten Zinnen des Mount Ada in den Himmel. Der Pfad zum See windet sich durch einen sumpfigen Zedernwald. Sein Boden ist von einer dicken Schicht wächserner Pappelblätter bedeckt, die der Herbstwind gerade von den Bäumen geblasen hat. Die schwindende Sonne dringt nicht mehr in die Tiefen des Waldes, der nun dunkel und feucht ist. Riesige Pilze leuchten mir, Monden gleich, blass und vom Regen glänzend, wie tellergroße Augen aus der Düsternis entgegen. Bei miesem Wetter, wenn die Wolken in Schwaden vor den Talwänden hängen, sitze ich in meinem Schlafsack beim Ofen und ackere mich genüsslich durch das reichhaltige Turner'sche Büchersortiment.

Die Ruhe und Entspannung haben mir gut getan. Nach der Rückkehr meiner Nachbarn arbeite ich mit fieberhaftem Eifer an den restlichen Baumstämmen. In einer frostigen Nacht, als ich mein Abendessen im Licht einer Lampe in mich hineinschaufle und ein eisiger Luftzug meinen Nacken umspielt, höre ich ein leises melodiöses Rufen, ein sanftes Trompeten, das sich anhört, als ob Spielzeugautos ohne Motor ein Hupkonzert veranstalteten. Es sind die ersten Trompeterschwäne, die von ihren Brutplätzen in Alaska kommen. Diese riesigen weißen Schneevögel sind Vorboten des herannahenden Winters. Mit ihrem Kommen muss ich fort, denn mit Einbruch des schlechten Wetters gibt es für mich hier keinen Unterschlupf mehr. Ich werde den Winter in Stuie verbringen und meine zum Himmel hin offenen Hauswände im späten Herbstregen grau werden lassen.

Der zweite Frühling

Meine Nachbarn in Stuie sind für den Winter nach Ontario gezogen, denn Katie will dort ein vor zwanzig Jahren begonnenes Studium beenden, und so werde ich eben allein hier überwintern. Da das große Haus keine Wärmedämmung hat, stelle ich einen guten Ofen in eines der Gästehäuschen, das kleiner und daher auch viel leichter zu beheizen ist. Obwohl Stuie nicht viel niedriger liegt als der Lonesome Lake, ist der Ort aufgrund seiner Nähe zur Küste wärmer und auch viel feuchter. Ich bin froh, dass ich ein warmes Dach über dem Kopf habe, andererseits bringen mich der mangelnde Schnee und der viele Regen aber auch ein wenig aus der Fassung. Doch der Winter vergeht ruhig und ohne Zwischenfälle, und bei Frühlingsbeginn kann ich es kaum erwarten, wieder mit der Arbeit anzufangen.

Ich möchte am liebsten gleich zu Beginn der Schneeschmelze im März wieder den Fluss hinaufziehen, aber da ich keine Lebensmittel und keinen Treibstoff für die Säge habe, muss ich warten, bis Ende Mai die Flugbasis in Nimpo wieder öffnet, damit die notwendigen Vorräte eingeflogen werden können.

Ich wandere ein oder zwei Tage vor Ankunft der Maschine zum Haus hinauf und trage meine Habe dann von Trudys

Hütte im Rucksack zu meinem Sommerlager. Das Lager will ich aber erst einrichten, wenn mit dem Flugzeug ein großes altes Leinwandzelt angekommen ist, das mir eine Frau aus dem Tal geschenkt hat, die jetzt in Hagensborg lebt und früher in der Wildnis am Stillwater gehaust hatte.

Das Flugzeug bringt auch eine Katze und zwei alte Damen im Alter von achtundsechzig und zweiundsiebzig Jahren, mit denen ich vor Jahren in England befreundet war. Ich hatte sie gewarnt, dass die Zustände in meinem Lager eher primitiv sind, was sie aber nicht zu stören schien. Da sie als Bewohner der britischen Insel an kaltes und feuchtes Wetter gewöhnt sind und außerdem von einem Bauernhof stammen, werden sie mit meinen Unannehmlichkeiten wahrscheinlich besser fertig werden als viele andere.

Ich gehe zur Lagune hinunter und warte auf das Flugzeug. Es ist ein heißer, schwüler Morgen. Die beiden Damen hatten im Laden am Nimpo Lake eine Gallone Eis als Geschenk für die Turners gekauft, die solche Leckerbissen nur selten bekommen. Obwohl wir den Behälter während des Entladens im Seewasser kühl halten, beginnt das Eis schon zu schmelzen. Der Großteil meiner Fracht kann inzwischen am Kai bleiben, wir müssen aber das Gepäck meiner Freundinnen, das Zelt und natürlich die Katze, die gegen ihren Transport in einem Karton lauthals protestiert, heimbringen.

Pussy Cat ist ein junges Kätzchen mit einem flaumigen grauen Fell und betörenden Augen, deren Farbe gerade von blau zu grün wechselt. Sie sieht recht sanft und unschuldig aus, ist aber schon recht eigenwillig. Und der Karton ist ihr gar nicht

recht. Während der Fahrt im Bus von Bella Coola zum Nimpo Lake hatte sie aus vollem Hals geschrien und auch während des gesamten Flugs. Als der Pilot den Motor abstellte und die Maschine auf den Kai zuglitt, hörte ich schon ihr lautes Zetern. Ihr schrilles, rhythmisches Geheule begleitet das Entladen der Fracht, und als wir den Pfad entlangmarschieren, hört man ihr Kreischen aus dem Karton, den ich nun ganz oben auf meinem Rucksack befestigt habe. Kaum haben wir sie aus ihrem Gefängnis befreit, ist sie still – denn das war es ja schließlich, was sie die ganze Zeit schon wollte. Zufrieden beginnt sie nun, das Durcheinander im Lager zu erforschen.

Das Zelt stellt uns vor ein unerwartetes Problem. Da es seit fünfunddreißig Jahren nicht mehr verwendet worden ist, hatte ich es vor dem Flugtransport ausgerollt und auf Löcher untersucht, aber nicht versuchsweise aufgestellt. Das Zelt ist ein Sattelmodell, das früher wahrscheinlich einmal einen frei stehenden Innenrahmen hatte, denn es ist nichts da, womit man es an dem üblichen Außenrahmen aufhängen oder wo man die Spannschnüre anbringen könnte.

Der übermäßig heiße Vormittag ist in einen gewittrigen Nachmittag übergegangen, und es sieht aus, als ob meine Gäste und unsere gesamte Habe jeden Augenblick nass werden könnten. Ich schneide ein paar Zedernstangen aus dem Unterholz, schneide etliche Löcher in den Zeltrand zum Anbringen der Schnüre und baue ein Gerüst zusammen, das funktioniert. Schnell werfen wir unsere Sachen in die muffige Höhle, und als die ersten Regentropfen fallen, ziehen wir die blaue Plane über alles und binden sie fest. Dann öffnen sich die Schleusen des Himmels.

Dabei haben wir die Katze ganz vergessen.

Wir hatten den Großteil der Eiscreme den Turners gegeben, einen Teil davon aber für unser Mittagessen behalten. Am frühen Nachmittag fanden wir das Kätzchen im leeren Eisglas, das wir im Gras liegen gelassen hatten. Es war mit dem Kopf zuerst hineingeklettert und hatte das Glas gierig ausgeleckt und dabei sein schönes flaumiges Fell völlig verklebt. Nachdem wir es aus dem Glas befreit hatten, hatten wir über all unseren Anstrengungen mit dem Zelt an das Tierchen gar nicht mehr gedacht. Doch jetzt hören wir über dem Trommeln des Regens auf der Zeltplane plötzlich ein durchdringendes Jammergeschrei. Wir haben den Ofen noch nicht montiert, und Teile des Kaminrohrs liegen daneben auf dem Boden. Die vom Eis noch ganz verklebte Katze war in eines der Rohre geklettert und ist

Ein Höhepunkt auf dem über vierzig Kilometer weiten Heimweg von der Post: der Blick von den Hunlen Falls auf den Lonesome Lake.

Oben: Schweres Material kann nur eingeflogen werden, da die nächste Straße dreiundvierzig Kilometer weit entfernt ist. Die Güter werden dann mit Pferden ins Lager gebracht.

Unten: Flussabwärts, in sicherer Entfernung von den gefällten Bäumen, habe ich mir ein Lager eingerichtet.

Oben: Meine Nachbarn Jack und Trudy Turner helfen mir mit ihren Pferden, die gefällten Baumstämme zu bewegen.

Unten links: Mit der Maschine sägte ich grobes Bauholz für Fenster- und Türrahmen, Dielenbretter und primitive Möbel zurecht.

Unten rechts: Die Stämme werden bearbeitet, damit sie ineinander gefügt werden können.

Auf der anderen Flussseite meines Anwesens erhebt sich der Walker's Dome: ein atemberaubender Blick über schwarzes Felsgestein und blendend weiße Schneefelder, in die sich ultramarinblaue Seen schmiegen.

Im ersten Sommer werden die Hauswände nur langsam höher.

Im Prinzip ist der Grundriss des Hauses ein 8,4 x 7,8 Meter großes Rechteck, dem an einer Ecke eine 2,4 x 3,9 Meter große Fläche fehlt. Das Dach sollte ursprünglich in ein paar Wochen fertig sein, der Bau zog sich dann aber über Monate hin.

Der Sommer in den Bergen bringt wilde Blumen in Hülle und Fülle.

Wegen der Grizzlybären muss ich vorzeitig von meinem Lager ins unfertige Haus übersiedeln.

Innen sieht das Haus jetzt schon etwas wohnlicher aus, seit ich mir Wandbretter, Bücherregale und Fensterumrandungen gezimmert habe.

Selbst im Winter ist hier allerhand los: Marder, Wölfe und Elche teilen sich den Fluss mit mir.

Der Lonesome Lake ist für seine Trompeterschwäne berühmt, von denen alljährlich vierhundert am See überwintern.

Schneefelder am Ptarmigan Lake.

jetzt mit Ruß verschmiert. Trotz ihres energischen und lautstarken Protests trage ich sie im strömenden Regen zum Fluss und reibe sie mit einem Topfkratzer ab.

Meine Gäste haben viel vor und reisen nach ein paar Tagen wieder ab. Das Flugzeug, das sie abholt, ist wieder mit Vorräten voll gestopft, die wie üblich von den Turners, Lucky und mir zum Haus gebracht werden. Während meiner Abwesenheit im Winter ist der riesige Haufen mit Abfallholz verbrannt worden, und die Lichtung sieht aus wie nach einem Atombombenangriff. Baumstümpfe und riesige Holzblöcke, die für den Bau zu gekrümmt oder zu knorrig und für die Flammen zu zäh waren, liegen angekohlt auf dem Boden, Zeugen des Widerstands gegen unsere lahmen Zerstörungsversuche.

Meine erste größere Aufgabe ist es nun, die Stämme, die für den Bau zu dick waren, zu Bauholz zu machen. Nachdem ich sie im Sommer in vier Meter lange Stücke gesägt hatte, muss ich mich jetzt wieder den Qualen und Frustrationen der Kettensäge unterwerfen und sie zu Brettern schneiden. Für Dielen, Decken, Fensterrahmen und Türen werde ich schätzungsweise an die vierhundert Bretter brauchen. Dazu verwende ich ein Zusatzgerät, das meine Kettensäge in eine Spaltsäge verwandelt. Bei dem Gerät handelt es sich im Prinzip um einen Metallrahmen, der aus zwei Ständern besteht, die mit dem Sockel und der Spitze des Sägeblatts verbolzt sind. Der Abstand zwischen Gleitbacke und Sägeblatt kann je nach der gewünschten Dicke des Bretts eingestellt werden, und nach dem Blockieren der Gleitbacke schneide ich dann von oben bis unten waagrecht durch den Stamm. Die Spaltsäge braucht eine ebene Grundfläche, und es gelingt mir nie, die abgerundete Seite des Stamms nach Augenmaß entsprechend zuzuschneiden. Deshalb brauche ich als Führung für den ersten Schnitt ein Brett, das ich an den Stamm nagle. Aber wo finde ich ein solches Brett? Es gibt in der ganzen Umgebung kein einziges Stück Schnittholz. Die Turners haben alle Bretter mit der Axt aus Zedernholz gespalten und geglättet und im Lauf der Zeit sämtliche Fußböden und Wände mit Sperrholz verkleidet.

Doch eines Tages entdecke ich ein altes, drei Meter langes und vom Wasser recht mitgenommenes Brett, das in der Lagune herumschwimmt. Dieser seltene und gelegene Fund ist sicher ein Überbleibsel vom alten und schon längst aufgelassenen Sägewerk, das Trudys Vater auf seinem Anwesen am oberen Ende des Sees errichtet hatte. Ich binde das Brett waagrecht auf meinen Tragrahmen und transportiere es huckepack heim, bleibe dabei aber natürlich an jedem Ast, der mir in den Weg kommt, hängen. Schließlich nagle ich das Brett aber doch auf den ersten Stamm, der nun für die Spaltsäge bereit ist.

Ich weiß, dass ich die Zähne an der Sägekette für den Längsschnitt modifizieren muss, bekomme dazu aber von meinen diversen Freunden, die Erfahrung beim Blockhausbau haben, unterschiedliche Ratschläge. Außerdem kennen sich nur wenige von ihnen im Bretterschneiden mit einer Kettensäge aus. Einer empfahl mir eine gewerbliche Längssägekette mit abwechselnd dicken und dünnen Zähnen, die alle in einem Winkel von fünfundvierzig Grad zugefeilt werden, ein anderer eine Querkreiskette, die ich auf fünf Grad zufeilen müsste. Für Will Malloff, den Autor meines wichtigsten Ratgebers im Bauholzschneiden

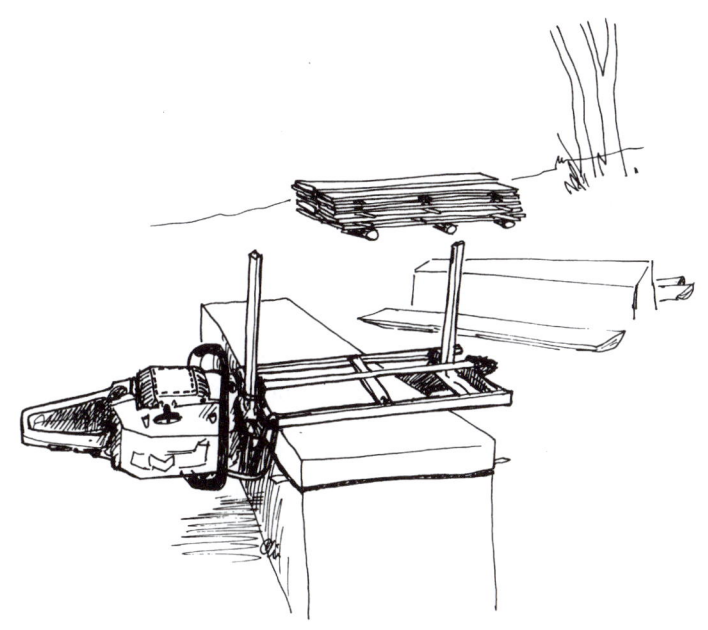

Chainsaw Lumbermaking ist die einzige Lösung eine Meißel-zahnkette, bei der die Zinken gerade abgefeilt werden.

Ich beginne mit einer gewerblichen Längssägekette auf mei-ner größten Säge, die ein 76 Zentimeter großes Sägeblatt hat. Wenn die Spaltsäge an das Sägeblatt der Kettensäge gebolzt wird, lässt sich das Ganze nur schwer auf das Führungsbrett heben. Bei laut kreischendem Motor beginnt sich die Kette zö-gernd in das untere Ende des Stamms zu fressen und arbeitet sich dann unendlich langsam, Millimeter um Millimeter, vor-wärts. Während ich daneben knie, ersticke ich beinahe an den Rauchschwaden und versinke im sprühenden Sägemehl. Lange bevor ich das Ende des Stamms erreicht habe, geht der Treibstoff aus. Der erste Längsschnitt beansprucht etwa eine halbe Stunde, und es dauert zwei volle Tage, bis ich den ganzen Stamm zu Brettern gesägt habe. Der Gedanke an die übrigen dreihundertvierundneunzig Bretter ist völlig deprimierend.

Ich glaube, mein Problem liegt zum Teil darin, dass meine Säge nicht stark genug ist. Aber da mein Geld knapp ist, musste ich eine kaufen, die ich sowohl zum Fällen als auch zum Sägen verwenden kann. Das nächstgrößere Modell wäre für meine Arbeit im Busch zu schwer gewesen.

Obwohl mich meine technische Ignoranz schwer behindert, gelingt es mir mit der Zeit doch, einige der Probleme beim Bretterschneiden zu lösen. Die geringste Variation im Luft-Treibstoffgemisch oder im Winkel der Sägezähne wirkt sich sofort auf die Leistung der Säge aus. Ich finde, dass Malloff wirklich Recht hat, wenn er sagt, dass die Säge am besten funktioniert, wenn die Zinken gerade abgefeilt sind. Wenn das Endergebnis dann aber immer noch zu wünschen übrig lässt, bin ich mir nie sicher, worin letztlich die Ursache dafür lag. Da mühe ich mich zum Beispiel stundenlang mit dem Feilen der Sägezähne ab, wo ich stattdessen die Räumer hätte nachstellen müssen, oder ich vergeude Zeit mit dem Putzen des Vergasers, wenn ein verstopfter Filter schuld an der schlechten Leistung war. Als das Sägeblatt einmal auf der einen Seite abgenutzt war, und die Säge beim Versuch, sich ins Holz zu fressen, blockierte, brauchte ich mehrere Tage bis ich endlich die Ursache dafür fand. Meine Maschinen entwickeln mit regelmäßiger Monotonie Pannen, und mir kommt es so vor, als würde ich die meiste Zeit mit dem Transport der schweren Geräte zum und vom Highway verbringen.

116

Es ist ein heißer trockener Sommer, und die viele Asche, die in dicken Schichten auf dem Boden um mich herum verstreut liegt, macht die sengende Hitze ohne Schatten noch schlimmer. Der Staub, die Dämpfe, das sandige Sägemehl in meinen Augen und auf meinen Kleidern, die Fliegen, die über meine bloßen Hände und mein Gesicht krabbeln, und das Schrecklichste von allem, das endlose Kreischen des Motors, das bei mir, trotz der Ohrenschützer, ständiges Ohrensausen verursacht, wären unerträglich, wenn ich nicht für mich selbst arbeiten würde. Man könnte mir noch so viel Geld bieten, diese Arbeit würde ich nie für jemand anders machen. An einem denkwürdigen Tag schneide ich dreißig Bretter, aber an einem anderen, der mich an den Rand der Verzweiflung treibt, schaffe ich nur zwei. Mit der Zeit werden die Bretterstöße am Flussufer aber doch immer höher. Ich habe zwischen die einzelnen Lagen drei Zentimeter breite Latten gelegt, damit die Bretter trocknen können. Das oberste Brett wird jeweils beschwert, damit es sich nicht verzieht. In der Mitte des Sommers sind schließlich genügend Bretter da.

Irgendwie habe ich zwischen meiner Arbeit aber auch Zeit gefunden, einen kleinen Garten anzulegen, für den die Turners neben ihren eigenen Beeten innerhalb des zwei Meter hohen Wildzauns ein Stück für mich umgegraben haben. Auf ihrer Flussseite gibt es Erdreich, bei dem es sich allerdings um feinen Schlick handelt, der nach dem Trocknen sofort als Staub aufwirbelt und sich bei Nässe so verdichtet, dass das Wasser nicht ablaufen kann, was zur Folge hat, dass der Boden schnell sauer und sauerstoffarm wird. Es gibt keinen Kompost, mit dem man ihn anreichern könnte, denn Laubbäume sind hier selten, und die Gemüseblätter und Schalen aus den Küchenabfällen werden an die Kühe verfüttert. Vom Mist aus der Scheune ist nicht genug vorhanden, und der Kunstdünger macht keine Krume.

Ich habe leider keine gärtnerische Begabung. Ganz gleich, wie sehr ich mich auch beim Graben und Jäten anstrenge, meine Pflanzen fallen immer kümmerlich aus und bringen nur wenig. Im Vergleich dazu sind die der Turners daneben zweimal so groß. Außerdem ist die Wachstumszeit in dieser Gegend nur kurz, denn der Frost kann bis Mitte Juni andauern und Anfang September schon wieder einsetzen. Viele Pflanzen müssen unter Glas ausgesät werden. In klaren Nächten ist es wichtig, dass Bohnen, Tomaten, Mais und Kürbisse abgedeckt werden. Wenn man aber die robustesten Sorten wählt und ihnen die nötige Pflege gibt, kann man die verschiedensten Gemüse wie Spargel, Kartoffeln, Karotten, Pastinaken, Kohl, Zwiebeln, Bohnen, Erbsen und sogar grüne Paprikaschoten erfolgreich anbauen.

Ein Tag im Garten ist eine Erholung von der Tortur des Sägens, wobei es meine schmerzenden Muskeln allerdings nicht besonders schätzen, wenn ich meine kostbare Freizeit damit verbringe, auf Händen und Knien winziges Unkraut zwischen ebenso winzigen Karottenpflänzchen aus dem Boden zu zupfen. Manches Unkraut wie Weißer Gänsefuß und kleiner Sauerampfer sind aber genießbar und schmecken sogar recht gut. Ich ernte dann dankbar die grünen Happen, denn sie sind das einzige frische Gemüse, das ich auf längere Sicht in die Hände bekommen werde.

Bei meiner ersten Posttour in diesem Jahr habe ich das Glück, ein zweites Kanu zu ergattern. Ich bin hoch erfreut darüber, denn der Stillwater ist zwar der kleinste See auf meinem Weg zum Highway, aber das Gelände darum herum ist der anstrengendste Teil des Fußmarschs. Wenn die Straße bis zur Fußbrücke befahrbar ist, muss man vom Stillwater bis zum Transportweg nur fünf Kilometer zurücklegen. Da ich oft bis zu vierzig Kilo schwere Lasten über diese Strecke geschleppt habe, nehme ich an, dass ich kein Problem haben werde, das Kanu zu tragen. Da es mitten im Sommer ist, sind die Auswaschungen in der Straße ausgetrocknet, und so fahre ich eines Morgens die ganze Strecke von Stuie bis zur Fußbrücke. Dann hebe ich das Kanu vorsichtig vom Wagen und lehne es verkehrt gegen das Fahrerhaus. Mein selbst gebasteltes Joch sitzt bequem auf meinen Schultern, ich hebe das Kanu über mir hoch und mache mich zuversichtlich auf den Weg. Aber schon nach einigen Metern spüre ich unerträgliche Schmerzen in den Schultern. Verzweifelt suche ich nach einem passenden Ast, gegen den ich den Bug für eine kurze Rast abstützen könnte. Durch die bewaldeten Abschnitte am Pfad ist es nicht so schlimm, denn dort gibt es genügend Äste, aber das Überqueren der Geröllhalden ist mörderisch. An zwei Stellen führt der Pfad über steile Klippen. Der Abstieg dann ist am schlimmsten, denn ich muss das Kanu nach vorne neigen, damit das Heck nicht am Boden hinter mir schleift, gleichzeitig aber auch meinen Körper zum Ausgleich der Last nach hinten beugen und die Augen auf den Boden richten, damit ich über keine losen Steine stolpere. Am Fuß der Klippe braust der Fluss. Das Rauschen des Wassers verfängt sich im Schiffsrumpf und dröhnt mir in den Ohren. Es sieht verdächtig nach Regen aus, und wenn es wirklich regnen würde, wäre das der erste nasse Tag dieses Sommers. Inzwischen haben die Mücken herausgefunden, dass sich unter meinem langen Regenschirm ein vorzügliches Mittagessen verbirgt. Da meine Arme am Dollbord des Kanus festsitzen, kann ich auch gar nichts dagegen tun. Ich war noch nie so dankbar, endlich am Stillwater angekommen zu sein, wo ich mich von meiner Last befreien kann.

Dann gehe ich zum Güterweg zurück und hole mir die nächste Vierzigkilolast, die sich diesmal unter anderem aus meinem Schlafsack, einem Karton mit Lebensmitteln, einer Schreibmaschine und sechzehn Liter Kettenöl zusammensetzt. Als ich beim See ankomme, regnet es schon so stark, dass ich mir aus meinem Rucksack einen Mantel hole. Da merke ich, dass aus einem der Behälter Öl ausgelaufen ist. Kettenöl ist besonders klebrig, damit es der Zentrifugalkraft bei den raschen Umdrehungen der Kette widersteht, und mein Mantel ist nun ein kompakter Klumpen aus zähem rotem Öl, den ich unmöglich waschen oder anziehen kann. Zum Glück sind Schlafsack und Schreibmaschine in Plastiksäcken gut verpackt, aber meinen Ausflug muss ich nun ohne Regenschutz beenden. Bei meiner Rückkehr säubere ich alles so gut es geht, aber das Öl bringe ich nie mehr aus meinem Rucksack raus.

Richtfest

Nach dem stressigen Brettersägen ist das Schneiden der Dachbalken ein wahres Kinderspiel. Die Bäume, die ich dazu fälle, sind leicht und schlank und bei weitem nicht so Furcht erregend wie die Riesen, über die ich mich im vergangenen Sommer hergemacht hatte. Da es schon Mitte Juli ist, hat sich ihre Rinde gelockert und lässt sich leicht abziehen. Die Turners und ihr Pferdegespann machen hin und wieder eine Pause beim Heuen und bringen die Pfosten für mich zur Baustelle.

Doch bevor ich mit dem Dach beginnen kann, ist eine wichtige Kleinigkeit zu erledigen – die Türöffnung muss ausgeschnitten werden, denn es wird jetzt zu umständlich, wie bisher über die Mauerecken zu klettern. Erfahrene Blockhausbauer schneiden die Öffnungen für die Türe und Fenster beim Bauen der Wände aus, aber im vergangenen Sommer hatte ich nichts anderes als die Baumstämme im Kopf und außerdem noch gar keine Fensterrahmen. Die habe ich aber inzwischen in verschiedenen Größen von Müllhalden und aufgelassenen Häusern organisiert und mit demselben Flugzeug herbringen lassen, mit dem auch meine englischen Damen gekommen waren. Mein Verstand sagt mir, dass der kompakte, festungsähnliche

Bau, der nun schon etliche Monate überdauert hat, auch dann noch stehen wird, wenn ich ein Loch hineingeschnitten habe. Trotzdem habe ich das schreckliche Gefühl, das Ganze würde gleich wie ein Kartenhaus einstürzen, als ich mit der Säge zum langen Senkrechtschnitt ansetze. Was natürlich nicht geschieht. Selbst nachdem ich mit Todesverachtung durch die Balken geschnitten hatte, sitzen die Stämme noch so fest aneinander, dass ich die Öffnung nur ausbrechen kann, indem ich sie mit aller Macht mit einem Kistenöffner losstemme und dann mit einem Holzhammer dagegen schlage.

Ich habe nicht die geringste Ahnung, wie ich die Dachsparren und die schweren Pfetten – die längs verlaufenden Balken, die das Dach tragen – hochheben soll. Da die Turner'sche Scheune aber viel höher ist, weiß ich, dass es sicher eine einfache Methode dafür gibt. Und tatsächlich hat Trudy, die ihr Vater schon in frühen Jahren angelernt hat, wie immer eine Lösung zu meinem Problem bereit. Mit einer Kombination von Gleitschienen, Hebezeugstützen, Kanthaken und Seilrollen ist anscheinend alles möglich.

In meiner Unwissenheit nehme ich an, das Dach wäre in ein paar Wochen fertig, aber die Arbeit zieht sich schließlich über mehrere Monate hin. Erstens ist es wirklich beängstigend, so hoch über dem Boden in der Luft zu balancieren. Da es noch fast kein Balkenwerk gibt, fühle ich mich dabei so unsicher, dass ich, wie ein Chamäleon, immer nur ein Glied auf einmal bewege. Zweitens braucht man für alles dreimal so lang, wenn man ganz oben auf zwei Leitern steht. Werkzeuge fallen hinunter oder werden unten vergessen, und man verliert viel wertvolle Zeit

für das Aufstellen und Umbauen der Gerüste. Drittens ist es überhaupt schwierig, runde, nicht eben gerade Stämme auf einem nicht eben rechteckigen Haus anbringen zu wollen. Und viertens brauche ich hin und wieder Hilfe. Die Turners kommen, so oft es geht, aber sie haben selbst viel Arbeit – im Garten und beim Heuen – und sind nicht immer abkömmlich.

Doch mit der Zeit nimmt das Dach Form an. Der Firstbalken verläuft direkt über dem zweiten Fundamentstamm, wodurch ein so genanntes Salzkastendach entsteht mit einem kurzen steilen Gefälle an der Nordseite und einem langen sanften Gefälle an der Südseite, das sich an der Rückseite über die gesamte Breite des Hauses erstreckt, vorne aber durch den L-förmigen Anbau abgeschnitten wird. Dort baue ich eine Kniewand, die den Abstand zwischen den Balkenwänden und der Dachlinie füllt. Vom Firstbalken verlege ich die Dachsparren zur Traufe hin. Dabei sind die extralangen Stämme für die rückwärtige Dachschräge besonders schwer und unhandlich. Danach kommen die Pfetten an die Reihe. Sobald die Veranda durch das vorstehende Dach abgegrenzt ist, ändert sich der gesamte Charakter des Hauses. In der Mitte des Dachs an der Nordseite bringe ich den Kamin an. Ich passe ihn vorsichtig in das Dachgitter ein, so dass die isolierten Teile des Ofenrohrs keinen der Balken berühren. Und jetzt weiß ich auch, wo ich auf dem Boden die Plattform aus Beton und Felsplatten für den Ofen verlegen muss.

Ich möchte, dass die Dachbalken vom Innern des Hauses aus sichtbar sind, und so bringe ich beim Verkleiden der Decke die Bretter zwischen den Pfetten an. Dabei merke ich erst, wie uneben die von mir gesägten Bretter sind. Manche haben richtige

Höcker, und andere sind ganz wellig. Die Ränder sind so uneben, dass ich alle vor dem Einpassen abhobeln muss. Aber schließlich ist vom Himmel immer weniger zu sehen, und im Haus wird es zunehmend dunkel und düster. Mit denselben Angstgefühlen wie beim Ausschneiden der Türe mache ich mich nun an die beiden Fensteröffnungen, damit etwas Licht ins Haus kommt.

Als wir mit dem Dachdecken beginnen, haben die Lachse wieder die Kiesbänke im Fluss erreicht. Wie bei allem übrigen Material für mein Haus, sind auch beim Dach die Kosten und die Verfügbarkeit ausschlaggebend. An den vielen Zedern im Naturpark darf ich mich nicht vergreifen, und auf meinem Grundstück sind nicht genügend vorhanden, aus denen ich wie die Turners Schindeln machen könnte. Ein Metalldach ist für mich unerschwinglich. Alles, was ich mir leisten kann, sind ein paar große Rollen brauner, kieselig gemusterter Teerpappe. Wir verlegen die Pappe in Längsstreifen und bearbeiten nacheinander die schmäleren Dachabschnitte, denn die Wärmedämmung wäre nutzlos, wenn sie nass wird. Über die Deckenbretter kommt eine Lage Kunststoff und darüber Fiberglasplatten. Dann folgen erneut Bretter, die zuerst auf dem Boden sorgfältig abgehobelt und genau zugeschnitten wurden. Die Pfetten schaffen den zur Belüftung notwendigen Abstand zur Wärmeisolierung. Vor dem Verlegen der Dachpappe wird noch eine Lage Baupappe angebracht. Die Baupappe ist recht schwer und steif und wird bei Kälte leicht rissig. Deshalb können wir sie nur während der warmen Tagesstunden anbringen, und zu dieser Jahreszeit scheint die Sonne nur noch eine kurze Weile am Tag. Ich befestige die Dachpappe mit flachköpfigen Nägeln, die ich an den Rändern in Abständen von fünf bis sieben Zentimetern einschlage. Das südseitige Dach ist so flach, dass man leicht darauf gehen kann, die Nordseite wiederum ist so steil, dass ich zum Einschlagen der Nägel an einem Seil hänge, das ich mir um die Taille gebunden und dann über den First Trudy zugeworfen habe, die es am Ende eines vorstehenden Dachbalkens befestigt hat. Das Seil schneidet mir unter den Rippen ins Fleisch, und ich komme mir vor wie ein Kartoffelsack.

Es dauert mehrere Tage, bis das halbe Dach fertig und der Kamin eingekleidet ist. Am selben Abend höre ich von Jack, dass er das Heulen junger Bären gehört und die Spuren von Bären am Flussufer gesehen hat. Es ist also wieder an der Zeit, mein Lager abzubrechen.

Ich könnte in Trudys Hütte zurück, aber es wäre zu viel Aufwand, meine ganze Sachen wieder über den Fluss zu transportieren. Viel einfacher scheint es mir, mich in meinem halbfertigen Haus einzuquartieren, das allerdings noch keine Dielen und keine verglasten Fenster und keine Türe hat. Außerdem bläst der Wind durch einen dreißig Zentimeter breiten Spalt unter den Mauern herein. Das ist keineswegs der triumphale Einzug in ein fertiges sauberes Haus, den ich mir vor langer Zeit ausgemalt hatte. Ich lege ein paar Bretter über die Dielenbalken in der hinteren Ecke und bringe mit dem Schubkarren meine Habseligkeiten einschließlich der greinenden Katze aus dem Lager ins Haus. Bei strömendem Regen sitze ich auf den Brettern in der trockenen Hälfte des Hauses und sehe zu, wie das Wasser auf der anderen Seite durch das noch ungedeckte Dach in Kaskaden herabstürzt.

Als sich am Abend der Sturm legt und bei Einbruch der Dämmerung der Geruch von hausgemachtem Rindfleischeintopf (der ein Geschenk der Turners ist) durch die Mauerspalten ins Freie dringt, kommt ein riesiger Grizzlybär in die Lichtung gestapft. Auf seiner Route, der seine Vorfahren wahrscheinlich schon seit Jahrhunderten gefolgt sind, kommt er auf mein Haus zu. Ich hatte bis dahin immer geglaubt, dass die Geschichten, die man sich über die Grizzlys erzählt, recht übertrieben sind. Dabei ist es allerdings nicht schwer, sich über die Horrorgeschichten anderer Leute lustig zu machen, wenn man selbst keiner Gefahr ausgesetzt ist. Wenn man sich schließlich aber einem Geschöpf aus Fleisch und Blut, mit Zähnen und mächtigen Krallen, gegenübersieht, kann einen schon das Grauen packen. Plötzlich kommen mir meine gähnenden Fensterlöcher viel zu groß vor. Sicher werden ihn meine duftenden Fleischgerüche anlocken. Was soll ich nur tun?

Der Hund beginnt zu bellen. Der Bär bleibt stehen und sieht

verwundert um sich. »Komisch«, scheint er sich zu denken, als er auf das Haus starrt. »Das war im letzten Jahr sicher nicht da.« Dann macht er langsam kehrt und trottet ohne Eile wieder in den Wald.

Das Wetter hat sich gebessert, und das Dach ist endlich fertig. Die Lachswanderung hat ihren Höhepunkt erreicht. Die Fische gleiten und taumeln im Wasser, sie kämpfen und sterben. Die Blätter der Birken haben eine goldene Farbe angenommen, und die ersten flattern schon zu Boden. Während des Laichens der Lachse im Vorjahr hatte ich keine Bären gesehen, wusste damals aber gar nicht, wie ungewöhnlich das war. Jetzt sehe ich die Grizzlys oft, wie sie auf einem Wildwechsel hinter dem Haus ruhig durch den Wald ziehen. Manchmal sind sie neugierig, aber immer friedfertig. Ein Muttertier mit zwei Jungen wird zu einem ständigen Gast. Die drei treiben sich auf einer kleinen Insel vor meinem Haus herum, wo sie die weißen Beeren der Purpurweide fressen. Eine halbe Stunde lang zieht die Bärin die Sträucher zu sich herunter und watet dabei im seichten Wasser, gefolgt von ihrem pummeligen Nachwuchs. Eines der Jungen hat ein leuchtend weißes »V« auf der Brust, woran ich die drei immer leicht erkenne, wenn ich sie in der Dämmerung von meiner Türstufe aus beobachte.

Eines Nachmittags sitze ich am Ende eines der Fundamentstämme, der einmal meine Terrasse tragen wird. Es ist heiß, und ich bin nach meinem Mittagessen ein wenig eingenickt. Die Katze schlummert auf meinem Schoß. Ihr plötzliches Knurren lässt mich aufschrecken. Im Fluss steht ein Mann. Er hat brusthohe Wasserstiefel an und hält ein Gewehr in der

Hand. Unerwartete Besucher sind in dieser Gegend recht selten. Mehr als einen oder zwei im Jahr bekommen wir kaum zu Gesicht, und dann sind es zumeist Leute, die den Pfad heraufwandern. Der Mann ist nur ein paar Meter von mir entfernt. Er steht bis an die Taille im Wasser und starrt mich an. Durch das Rieseln des Wassers hatte ich sein Kommen nicht gehört. Er sieht, dass ich ihn bemerkt habe, und winkt mir zu, während er langsam auf mich zu watet.

Er hat einen Begleiter. Die beiden Männer haben die Leiter, die an meinem Ufer lehnt, erreicht und steigen wie zwei verirrte Meeresgötter aus dem Wasser. Ich erwarte fast, dass ihre grün glänzenden Gummikörper in Fischschwänzen enden.

Die Männer sind Fischereibeamte, die alljährlich den Fluss heraufkommen und die laichenden Lachse zählen. Sie sind am frühen Morgen zum Tenas Lake geflogen und werden am Abend bei der Lagune wieder abgeholt. Die beiden sitzen auf meiner Veranda und trinken mehrere Tassen Tee, bevor sie erneut ins Wasser steigen und davonwaten. Um mich ist wieder ungestörte Wildnis, in der nur das Schillern des Singenden Flusses und das prächtige Gold der Bäume zu sehen sind. Ich muss mir die Tassen mehrmals anschauen, um mich zu vergewissern, dass meine Besucher auch wirklich da waren.

Die vergilbten Blätter und der Geruch der sterbenden Fische bedeuten, dass in diesem Jahr nur noch wenig gutes Wetter zu erwarten ist. Ich muss mich beeilen, mit meiner Behausung fertig zu werden. Schnell schneide ich die restlichen Fenster aus und passe mein buntes, aus den verschiedensten Quellen stammendes Fensterrahmengemisch in die Öffnungen. Dann bastle ich mir eine schwere Türe und hänge sie in die Angeln. Die Zimmerdecke streiche ich weiß an und versuche, nur teilweise mit Erfolg, den Schimmel von den Wandbalken zu schaben. Ganz zuletzt spritze ich Schaumisolierung zwischen die Deckenbalken und beginne mit dem Verlegen der Dielen. Meine Säge gibt wieder mal ihren Geist auf, und ich muss Jack bitten, mir beim Zurechtschneiden der letzten Dielenbretter zu helfen. Schließlich liegen sie aber alle auf dem Boden, und ich habe plötzlich ein Haus. Achtzehn Monate lang war es nur eine Idee, ein Zukunftstraum gewesen, und die Fertigstellung, auf die ich so lange hingearbeitet habe, hat sich ganz unbemerkt eingestellt. Ich sitze in der Mitte des sauberen, neuen, leeren Fußbodens und kann alles nur wie ein Wunder bestaunen. Dabei habe ich immerhin ein paar recht grobe Schnitzer gemacht. Meine Schlafempore zum Beispiel, die sich über den halben Innenraum erstreckt, hängt so tief, dass ich mich bücken muss, wenn ich unter den Balken durchgehen will. Die eine Seite des Fußbodens ist zwanzig Zentimeter höher als die andere, weshalb ich die Fenster etwas schief einsetzen musste, damit sie dazupassen. Auch meine Schreinerarbeiten um die Dielen herum sind ziemlich primitiv, teils wegen der Grate in den Brettern, teils auch, weil ich keine Geduld mehr hatte. Die Geschwindigkeit war mir oft wichtiger als das Aussehen. Aber es ist ein echtes Haus geworden, ein zweihundertsiebzig Quadratmeter großes L-förmiges Haus, in dem ich die Türe vor Wind und Regen und dem Rauschen des Flusses verschließen, die Wärme meines Ofens genießen und meine Mahlzeiten kochen und essen kann.

Und ich habe es mit eigenen Händen gebaut.

Grizzlys!

Es ist jetzt Ende Oktober. Eines Morgens packe ich zu früher Stunde meine marode Säge in den Rucksack und mache mich auf den Weg zum Highway. Auf der Lichtung kann ich noch ganz gut sehen, aber im Wald hinter dem Grenzzaun herrscht undurchdringliches Dunkel. Aber ich kenne den Weg und bin sicher, dass meine Füße automatisch den Pfad finden werden, worauf ich mich schon oft verlassen habe. Beherzt gehe ich in die Finsternis hinein. Da stürmt ein paar Meter vor mir plötzlich ein riesiges Tier mit lautem Getöse aus dem Unterholz. »Du lieber Himmel! Ein Bär!« Ich rase zurück auf die Lichtung und warte mit klopfendem Herzen bei der Scheune, bis ich im Licht der Dämmerung genügend sehen kann. Das riesige Tier war mit Sicherheit ein Bär, denn neben dem Pfad ist ein Ameisenhaufen, der völlig aufgewühlt ist. Um diese Jahreszeit kann es nur ein Grizzly sein, denn die Grizzlys töten und fressen die Braunbären, weshalb die beiden selten gemeinsam in einem Gebiet auftreten. Zum Glück hatte sich dieser Grizzly genauso erschreckt wie ich. Es war wirklich dumm von mir, während der Laichzeit im Dunkeln unterwegs zu sein.

Die Lagune liegt still und grau vor mir. Nebelschwaden lie-

gen wie Schwimmpflanzen über dem Wasser. Einer der großen Vorteile eines Kanus liegt darin, dass es so leise ist. Als ich um eine Gruppe kleiner Weiden gleite, steigt eine Schar Gänse mit lautem Krächzen und lärmendem Flügelschlag in die Lüfte. Dahinter ist im wallenden Nebel ein Elch zu erkennen. Ich ziehe mein Paddel ein, und wir sehen einander an. Sein imposanter Körper hat im Herbst zusätzliche Muskeln angesetzt, und über seinem Haupt breitet sich wie ein Tisch ein riesiges Geweih aus. Wie das Rotwild haben auch Elche keine Angst vor Booten, denn sie scheinen sie nicht mit Menschen zu assoziieren. Selbst als ich mich bewege und auf den Hund einrede, neigt der Elch nur geruhsam sein Haupt und weidet ruhig weiter. Ich paddle schnell vorwärts, denn ich möchte am anderen Ende meines Fußmarschs nicht wieder ins Dunkel geraten.

Eine Wolkenbank ballt sich zusammen, sinkt tiefer und verdeckt schließlich die höchsten Gipfel der Bergkette, die das Tal säumt. Der See liegt noch immer bewegungslos vor mir, und nur hin und wieder ist ein zinnfarbener Ring auf der dunklen graugrünen Oberfläche zu sehen, wo ein Fisch aus der Tiefe nach oben stieß. Um die letzte Landspitze herum kräuselt sich plötzlich das Wasser wie von kleinen Krallen zerwühlt, und ein kalter Wind bläst mir ins Gesicht.

Die Strecke zwischen den beiden Seen ist in düsteres Dunkel gehüllt. Ich passe gut auf, denn die vielen seichten Kiesrinnen im Fluss sind ein beliebtes Laichgebiet der Buckellachse und daher auch von den Bären gern besucht. Kurz vor dem Stillwater hört der Wald auf, und der fast völlig ausgewaschene Pfad führt zwischen einer Geröllhalde und dem Fluss hindurch. Auf einer kleinen Erhebung versperrt mir plötzlich, nur dreißig Schritte von mir entfernt (was ich später genau ausmesse), mein zweiter Grizzly an diesem Tag den Weg. Das männliche Tier ist groß und schwarz. Der Wind, der inzwischen schon recht stark ist, bläst direkt auf mich zu. Für gewöhnlich warnt mich mein Hund, der neben mir dahintrottet, wenn ein Bär in der Nähe ist. Da das Tier aber etwa einen Meter über uns steht, weht sein Geruch wahrscheinlich über uns hinweg, und der Hund merkt ihn gar nicht. Der Bär und ich starren einander an. Die Spannung wird langsam unbequem, und ich sehe mich vorsichtshalber nach einem Baum um.

Auf der Geröllhalde gibt es nur wenige. Die Nadelbäume, die mir am nächsten sind, haben erst in fünfzehn Metern Höhe Äste, aber drei Schritte hinter mir neigt sich eine verkümmerte

Weide über den Fluss. Ich drehe mich um, und während ich auf den Baum zugehe, löse ich meinen Rucksack von den Schultern. Dann schaue ich wieder auf den Bären. Der läuft jetzt auf mich zu. Ich klettere so schnell es geht auf den Baum. Der Hund beginnt zu bellen, denn er hat nun endlich den Geruch in der Nase. Noch ein verzweifelter Blick: Der Grizzly galoppiert mit voller Geschwindigkeit – in die andere Richtung. Ich bin mir jetzt sicher, dass er zuerst aus purer Neugier auf mich zukam, dann aber mit meinem Geruch in der Nase nicht schnell genug das Weite suchen konnte. Ob ich damit Recht habe, weiß ich nicht, denn ich kann es ja nicht mit ihm besprechen. Jedenfalls dauert es eine Weile, bis sich mein Herzschlag wieder beruhigt hat.

Es gibt alle möglichen Theorien über das Verhalten in Gebieten, wo es Bären gibt. Die meisten Unfälle passieren, wenn sich der Bär oder seine Jungen gefährdet fühlen. Wenn sich überraschende Treffen vermeiden ließen, wäre das Risiko von Unfällen bei weitem nicht so groß. Leider sieht man die Tiere in diesen dunklen, dichten Wäldern aber fast nie rechtzeitig, und auch das ständige Rauschen des Wassers erstickt die Geräusche, die Mensch oder Tier warnen könnten. Zum Beispiel wird empfohlen, eine Glocke mitzunehmen, denn dann würde zumindest der Bär gewarnt, aber ich habe Bären schon aus vollem Hals angeschrien, und sie haben überhaupt keine Notiz davon genommen. Wenn sie mit dem Kopf im tosenden Wasser stecken, ist schon mehr notwendig als das Klimpern eines Glöckchens, um sie zu warnen. Außerdem irritiert mich das Klappern und Klingeln einer Glocke, denn es behindert mein Gehör, das für mich auf so beengtem Raum wichtiger ist als das Sehen. Der Geruch scheint das Einzige zu sein, wovon die Bären Notiz nehmen.

Die meisten Leute, die im Busch unterwegs sind, tragen während der Laichzeit ein Gewehr bei sich, aber ich habe noch nie eines abgefeuert und fürchte mich mehr vor seinem Missbrauch als vor den Grizzlybären. Auch ein Hund, der nicht voll unter der Kontrolle seines Begleiters steht, kann äußerst verhängnisvoll werden, wenn er frei herumläuft, auf einen Bären trifft und dann zum Schutz zu seinem Eigentümer zurückkommt und seine neue Bekanntschaft gleich mitbringt. Mein Hund bellt kaum, und ich habe ihn so abgerichtet, dass er auf dem Pfad immer bei Fuß neben mir geht. Seine Nase ist der beste Bärenalarm, den es gibt. Er hat maßlose Angst vor diesen Riesen, und ich kann für gewöhnlich an seinem Verhalten ablesen, wenn ein Bär in der Nähe ist. Dann kleben ihm Ohren und Schwanz am Körper. Wenn der Bär hinter uns ist, bewegt sich der Hund mit nach rückwärts gedrehtem Kopf vorwärts und stößt mir dabei andauernd gegen die Beine.

Hundertprozentiger Verlass ist aber offensichtlich nicht auf ihn, und ich zittere noch immer, als ich mein Kanu am Stillwater erreiche. Trotz des Gegenwinds, der jetzt ziemlich stark ist, bin ich heilfroh, nicht am Ufer zu sein. Am unteren Ende des Sees nehme ich meinen Marsch wieder auf, und es dauert nicht lange, bis ich im Schutz der Bäume erneut eine dunkle Gestalt ausmache, die wie ein Bär dahinwatschelt. Oh nein, nicht schon wieder! Aber es ist nur Dennis aus Stuie, der den Güterweg heraufgefahren ist und mir nun auf dem Pfad entgegenkommt.

Ich bin eine Woche lang weg, und während dieser Zeit ändert sich das Wetter von Grund auf. Das Thermometer geht auf minus vier Grad zurück. Der nachfolgende Temperaturanstieg bringt dreißig Zentimeter Neuschnee mit sich. Damit verläuft mein Rückweg auch völlig anders als mein Marsch das Tal hinunter.

Der Güterweg ist nicht befahrbar, denn das Unterholz hat sich unter der Schneelast in ein dichtes Astgestrüpp verwandelt, durch das es schwierig genug ist, zu Fuß einen Weg zu finden, und im Auto erst recht. An manchen Stellen kann ich mich nur schwer durch den Schnee vorwärts kämpfen, aber die meiste Zeit haben die Grizzlys schon eine Spur gelegt, und ihre Schrittweite ist ideal für mich. Ich folge ihren Fußabdrücken und komme mir dabei vor wie König Wenzels Page im englischen Weihnachtslied.

Die Strömung des Flusses, der durch den Stillwater fließt, ist stark genug, dass auch im Winter ein gewundener Kanal im Eis offen bleibt. Es ist ein seltsames Gefühl, zwischen einer breiten weißen Schneedecke zu beiden Seiten durchzupaddeln. Ich bin spät losgezogen, und der kurze Wintertag geht schon zur Neige. Da ich in der Dunkelheit an keine Bären geraten will, schlage ich in der primitiven Hütte, die die Turners am oberen Ende des Stillwater für ihr Boot gebaut haben, mein Lager auf und nehme am nächsten Morgen meine Wanderung zwischen den beiden Seen wieder auf.

Die Spuren von Bären verlaufen in alle Richtungen. Viele der Abdrücke sind mit den roten Splittern von morschem Tannenholz gesprenkelt, da sich die Bären gerne in verwitterten Baumstämmen ein Bett graben. Obwohl ich diesmal keine Bären sehe, stelle ich doch mit Erstaunen fest, wie viele dieser Furcht einflößenden Kreaturen auf diesem kleinen Areal das ganze Jahr über beheimatet sind.

Der Hunlen Creek ist ein erstaunlicher Anblick. Mit zunehmender Kälte ist das matschige Eis, das noch halbwegs flüssig den Wasserfall herunterstürzte, beim Aufprall auf dem Schwemmkegel erstarrt, dann noch träge bis zum endgültigen Einfrieren ein Stück weiter geflossen und hat dabei die ganze Fläche wie mit einer weißen Betonschicht überzogen. Die Was-

serrinnen, die im April völlig trocken sind und im Juni Wildbäche führen, sind jetzt unter einer glatten weißen Decke versteckt. An manchen Stellen ist weit darunter das Gurgeln fließenden Wassers zu vernehmen. Am Rand des Sees ist mein
Kanu unter einer dicken Eisschicht begraben, unter der nur
eine grüne Spitze hervorlugt.

Zum Glück hat die Temperatur wieder den Gefrierpunkt
überschritten, und das Eis ist weich genug, dass ich es mit der
Axt weghacken kann. Auch das Innere des Boots ist völlig ver-
eist, und ich muss meine Schwimmweste und die Paddel mit
der Axt befreien.

Als ich endlich in den See gleite, hat die Sonne die Wolkendecke durchbrochen. Es ist ein herrlicher Nachmittag.

Die Klippen sind im sanften Licht gelb angehaucht, und der
Schnee auf den Felssimsen hebt sich mit blendendem Glanz
vom tiefblauen Himmel ab. Über die Felsen am Ufer tanzen
die Lichtreflexe der Wellen in flackernden Mustern. Die Luft
ist herb und frisch und von makelloser Reinheit. Am oberen
Ende des Sees versperrt eine Eisbarriere über die engste Stelle
den Weg. Das Eis ist zu dünn, um darauf zu gehen, aber ich
komme mit meinem Kanu nicht durch. Also ziehe ich das Boot
auf eine kleine Landzunge, wo ich es für den Winter zurück-
lasse.

Ein paar Stunden später marschiere ich durch den knir-
schenden Schnee auf den Feldern des Anwesens. Wie ein
schwarzer Wurm zieht sich der Wildzaun über die Lichtung.
Die Sonne ist untergegangen, und der Himmel hat eine apfel-
grüne Farbe angenommen. Der Frost hat schon stark angezo-

gen; es wird eine kalte Nacht geben. Im Licht des Abends sieht meine Lichtung friedlich aus, denn die Narben der Zerstörung sind jetzt vom Schnee bedeckt. Mit seinem gelben Holz und der glatten Schneedecke auf dem Dach wirkt mein Haus gemütlich und einladend. Pussy Cat freut sich wie immer, dass ich wieder da bin. Ihr Fell ist aufgeplustert und starr vor Kälte.

Ich lasse meinen Rucksack mitten auf den leeren Boden fallen und stecke schnell ein Streichholz in den Ofen. Dann hole ich einen Eimer Wasser vom Fluss, füttere die Tiere, zünde die Lampe an und mache die Türe zu.

Ich bin daheim.

Vorbereitungen auf den Winter

Stühle, Regale oder eine Anrichte zu bauen ist im Moment ein Ding der Unmöglichkeit, denn ich habe kein Bauholz und keine geeigneten Nägel mehr. Und Bretter kann ich erst wieder schneiden, wenn ich mir ein neues Sägeblatt für meine Säge gekauft habe. Mir ist das Geld ausgegangen, und so werden die Bretter und Nägel noch ein wenig warten müssen. Ich kann nur mit dem vorhandenen Material arbeiten. Ich bastle also ein paar provisorische Möbel aus Ofenrohrteilen und Pfosten, die ich mit Verpackungsband zusammenbinde. Meine Habseligkeiten sind in Kartons untergebracht, die ich entlang der Wände aufgestellt habe.

Auch im Freien ist noch eine Menge Arbeit zu tun. Der felsige Boden wird bald zufrieren, und ein ordentliches Loch für einen Außenabort ist äußerst wichtig. Ich wähle eine zum Teil von Bäumen abgeschirmte Stelle, die in entsprechender Entfernung vom Fluss und in nordöstlicher Richtung vom Haus liegt, aus der der Wind kaum einmal bläst. Ich hatte mich beim Graben auf eine gewaltige Arbeit eingestellt und war erstaunt, wie wenig Wurzeln mir dabei in die Quere kamen. Auch die Felsblöcke waren nur kopfgroß und ließen sich leicht ausgraben. Um das Loch herum errichte ich ein wackliges Holzgerüst, das mich vor dem ärgsten Wetter schützen soll, und decke es mit der restlichen Teerpappe ab.

Nächste Priorität ist der Hühnerstall. Meine Hühner, die ich im Frühjahr als Jungtiere im Rucksack hertransportiert habe, waren bisher in der Turner'schen Scheune untergebracht, die jetzt für die größeren Tiere gebraucht wird. Ein Hühnerstall muss in dieser Gegend bärensicher sein. Trudy bringt Lucky über den Fluss zu mir herüber, und wir tragen ein paar kurze, etwa dreißig Zentimeter dicke Stämme für die Wände zusammen. Die Rinde bleibt auf dem Holz, und es wird nichts ausgefräst. Die Enden werden einfach rechteckig beschnitten und zusammengenagelt. Dann verstopfe ich die Ritzen zwischen den Stämmen mit Lumpen, Papiersäcken und Fiberglasresten. Innen und außen befestige ich dünne Latten über dem Füllstoff, damit ihn die Hühner und Eichhörnchen nicht herausziehen können. Da ich keine Dachpappe mehr übrig habe, lege ich mehrere Schichten Plastikfolie, in der die Fiberglasplatten verpackt waren, über einen Rahmen aus Abfallbrettern, den ich dann mit den kantigen, grob entrindeten Schwarten abdecke, die beim Bretterschneiden von den Stämmen abgefallen sind. Die Decke isoliere ich mit einer dicken Lage Sägemehl.

Ich bringe die Hühner bei Einbruch der Dunkelheit in ihr neues Heim, weil ich sie dann leicht von ihren Stangen herunterholen kann, und es dauert auch gar nicht lange, bis sie ihre neue Umgebung zufrieden begutachten. Ich mag frische Eier, aber für die Hühner selbst kann ich keinerlei Sympathien aufbringen. Bei der geringsten Provokation bekommen sie hysterische Anfälle, und dann bin immer ich diejenige, die sie mit ihren kalten Fischaugen vorwurfsvoll anstarren. Ihre Dummheit versetzt mich immer wieder in Erstaunen. So scharren sie zum Beispiel mit Vorliebe in der bloßen Erde unter meinem Haus herum, aber den weichen tiefen Schnee zwischen den beiden Gebäuden hassen sie. Obwohl ich einen schönen Pfad zwischen unseren Türen ausgetreten habe, benutzen ihn die Hühner nie, sondern flattern lieber kopflos durch den frischen Schnee. Außerdem haben sie eine Faszination für die Schaumisolierung unter meinem Fußboden entwickelt, und ich weiß gar nicht, wie viele Löcher sie schon hineingepickt haben. Welche Folgen diese eigenartige Kost auf meine Eier hat, wage ich mir gar nicht auszumalen. Ich muss den Zwischenraum unter meinem Haus mit Schnee verbarrikadieren, aber einen Auslauf für meine Hühner kann ich erst anlegen, wenn ich mir den Hühnerdraht und die Kosten für das Einfliegen leisten kann.

An der Küste bleibt das Wetter nie lange kalt. Bald wirbelt ein warmer Südwind die Bäume wild durcheinander, so dass sie sich knarrend und ächzend wie Getreideähren hin und her biegen. Dabei krachen ganze Ladungen von halbgefrorenem Matsch durch die Äste. Der Schnee schmilzt auf dem gefrorenen Boden kaum, und unter der eisig feuchten Decke liegt mein Holz für den Winter in alle Himmelsrichtungen verstreut. Im Schubkarren transportiere ich jeweils drei oder vier große runde Blöcke zum Haus, wo ich sie unter meiner alten blauen Zeltplane an der Wand aufstaple. Die Blöcke sind so feucht, dass sie bei der Kälte festfrieren und dann mit dem Holzhammer wieder auseinander geschlagen werden müssen. Erstaunlicherweise ist das Holz innen aber ganz trocken und brennt vorzüglich.

Die letzte Arbeit, die ich vor dem Winter noch verrichten muss, ist aber nicht lebensnotwendig. Jetzt, wo die Bäume kahl sind, sehe ich, wie zwischen dem Gewirr der Grauerlen auf der kleinen Insel stromabwärts Wasser durchschimmert. Wenn ich diese Bäume ausschlagen würde, könnte ich damit mein Blickfeld erweitern und meine Aussicht wesentlich verbessern. Ich habe zwar ein schlechtes Gewissen, nur wegen einer schöneren

Aussicht noch mehr vom Busch zu zerstören, sage mir aber zur Beruhigung, dass genügend Erlen für die Insekten übrig bleiben, die den kleinen Vögeln im Frühling als Futter dienen. Außerdem werden die vielen Zweige, die ich den Fluss hinabschicke, den Biber am Horseshoe Bend beglücken. Jetzt, wo die Sonne so lange braucht, bis sie sich morgens einen Weg durch den Wald bahnt, fühle ich mich ein wenig beengt und bin froh, wenn ich auf diese Weise meinen Horizont ein wenig erweitern kann.

Als ich Ende November wieder auf Posttour gehe, ist der Lonesome Lake zum Großteil zugefroren, aber es ist noch genügend Wasser frei, so dass ich beschließe, den Gang übers Eis nicht zu riskieren. Das bedeutet, dass ich mir wieder den beschwerlichen Pfad ums Ufer herum suchen muss. Wildspuren im Schnee zeigen mir den Weg über die Geröllhalden, aber an den Stellen, wo es keine gibt, scheint sich mein Hund bestens zurechtzufinden. Das Kanu erwartet mich an seinem angestammten Platz, aber ein Fuchs hat die Schwimmweste herausgezogen und angenagt. Ich binde sie an einem Baum fest und hoffe, dass sie dort von den Eichhörnchen in Ruhe gelassen wird. Da die Tage nun so kurz und die Marschbedingungen so schlecht sind, kann ich nicht mehr den ganzen Weg bei Tageslicht zurücklegen. Das Risiko, auf Bären zu treffen, ist aber nicht mehr so groß, denn die meisten, die ihren Winterschlaf noch nicht angetreten haben, sind am oberen Ende des Flusses versammelt, wo sie auf die laichenden Frühlingslachse Jagd machen.

Nach ein paar Tagen komme ich wieder heim. Am Fuß des Lonesome Lake hat sich neues Eis gebildet. Es ist so durchsichtig, dass es mir wie offenes Wasser vorkommt, bis ich merke, dass die hundert Trompeterschwäne in der Mitte nicht schwimmen, sondern auf festem Grund stehen. Die Sonne senkt sich bereits im Westen, und ihre letzten Strahlen tauchen die bauschigen Wolkenbänke, die sich im Eis spiegeln, in organgefarbenes Licht, was aussieht, als ob die Schwäne auf einem umgekehrten Himmel stolzieren würden.

Die Vögel können ausgezeichnet sehen. Sobald ich aus dem Schutz der Bäume hervortrete, beginnen sie zu schreien, obwohl ich sicher noch eine ganze Meile entfernt bin und das Licht schon abgenommen hat. Ohne ihr Geschnatter hätte ich sie wahrscheinlich gar nicht bemerkt.

Im Gegensatz zu den Schwänen traue ich dem neuen Eis aber noch nicht und suche mir wieder meinen Pfad. Der führt zuerst über eine steile Klippe, und während ich hinaufklettere, beobachten mich die Schwäne und begleiten meinen Aufstieg mit ihrem melodiösen Ruf. Als ich aber den Pfad heruntersteige, wird ihr Trompeten plötzlich immer lauter, und Panik setzt unter den Vögeln ein. Es folgt ein ohrenbetäubendes Gestampfe und Geflatter, als sich hundert Paar Schwingen in die Lüfte heben. Der Lärm wird vom dünnen Eis wie von einer Trommelmembran verstärkt, und ich sehe den großen weißen Vögeln nach, wie sie in lang gestreckten, schwankenden Reihen über den See hinweg in die Dämmerung fliegen. Als sie schon ganz meinem Blickfeld entschwunden sind, hallt ihr wehmütig klagender Ruf noch lange von den Klippen nach. Es ist einer dieser Augenblicke, in denen die Zeit still zu stehen scheint. Ich stehe wie angewurzelt da, bis das purpurne Licht des Abends das ganze Tal erfüllt hat und der letzte melancholische Ton verklungen ist. Der Berg wird immer dunkler, und ich stehe noch immer da und denke mir: Niemand außer mir hat das je erlebt. Das gehört nur mir, mir ganz allein.

Katie, Dennis und ihr Sohn Birch werden in diesem Jahr Weihnachten in Stuie verbringen, und sie haben mich gefragt, ob ich gerne zu ihnen kommen würde. Katie liebt Feste über alles, und auf ihren Geselligkeiten gibt es immer viel Spaß. Ich nehme die Einladung gern an.

Für mich ist Weihnachten ohne Schnee wie ein Puter ohne Fülle – o.k., aber irgendwas fehlt doch. Während meiner Jugend in England erinnere ich mich nur an eine weiße Weihnacht. Und als ich schließlich auf der südlichen Hemisphäre gelandet war, überquerte ich an Weihnachten einmal den Äquator mit dem Boot auf dem Viktoria-See, ein andermal machte ich im Schatten von Eukalyptusbäumen ein Picknick, war beim Heuen in Neuseeland (wo es zum Weihnachtsessen frische Kartoffeln und Erbsen aus dem Garten gab) und auf einem weiten einsamen Strand auf den Falkland-Inseln, wo ich über einem Feuer aus Pferdemist, umgeben von einer Schar neugieriger Pinguine, eine Wildgans briet. Es waren alles denkwürdige Weihnachten, aber ohne Schnee.

In aller Welt weiß man, dass Kanada sechs Monate im Jahr bis an die Dächer mit diesem weißen Zeug eingedeckt ist. Und bevor ich hierher kam, hatte ich mich freudig auf dieses winterliche Vergnügen eingestellt. Als ich dann aber im vergangenen Jahr den Winter in Stuie verbrachte, war ich enttäuscht, dass der Boden Ende Dezember noch immer kahl und nackt war. Wo waren nur die in meiner Jugend so erträumten und in den Werken von Jack London und Robert Service so lebendig beschriebenen Schneestürme, die alles zudeckten, und die Schneewehen, in denen man nur mit Schneeschuhen und Hundeschlitten vorwärts kam? Wo waren die funkelnden Kristalle, die glitzernden Eiszapfen und schneebedeckten Bäume, die auf Kalendern und Ansichtskarten so enthusiastisch angepriesen werden? In Stuie waren sie jedenfalls nicht! Zu allem Überfluss regnete es nicht nur, sondern es goss in Strömen. Dicke schwarze Wolken verhängten das Tal, verdeckten die Berge und machten die Bäume zu triefenden Rinnen. Ohne Schnee auf dem Boden war es mir außerdem unmöglich, im Dunkel meinen Weg zum Außenabort zu finden, ohne dabei andauernd über die Baumstümpfe zu stolpern und gegen die nassen überhängenden Zweige zu stoßen. Ich war tief enttäuscht und dachte mit Wehmut an die Weihnachten, die ich so leichtfertig abgetan hatte, an den Duft von Eukalyptus und frischem Heu, an mein Publikum schnatternder Pinguine, die mich aus wachsamen Augen neugierig beobachteten. Wenn ich in Kanada bliebe, würde das bedeuten, dass ich auf immer und ewig zu diesen trübseligen Wintern verdammt wäre?

Doch in diesem Jahr entsprach der Winter meinen sehnlichsten Erwartungen. Der Dezemberhimmel ist kalt und klar, und die Sonne glitzert auf einer märchenhaften Schneedecke. Auf meinem Marsch nach Stuie erlebe ich zum ersten Mal wie es ist, über Eis zu gehen – eine Erfahrung, die aufregend und nervenkitzelnd zugleich ist. Ich bin mir dabei bewusst, wie zerbrechlich die dünne Schicht, wie fein die Membran ist, die mich – wenn's gut geht – nur vor einem unangenehmen Bad bewahrt. Verstärkt werden meine Befürchtungen auch noch durch das entsetzliche Krachen, Wimmern, Ächzen und Gurgeln unter meinen Füßen. Aber ich beklage mich nicht, denn es ist ein Winter wie aus dem Bilderbuch. Mein langer purpurroter Schatten erstreckt sich vor mir über das mit blendend weißem Schnee bedeckte Eis. Um mich herum stehen die »hundsnasigen Berge, die den Mond anbellen« – wie Robert Service so schön sagte –, oder die es zumindest tun würden, wenn es nicht mitten am Tag wäre. Könnte man vielleicht die monströsen Blähungen des Eises unter dem Titel »Ruf der Wildnis« einstufen, überlege ich respektlos?

Der Schnee ist jedoch gar nicht tief. Auf dem Pfad zu den beiden Seen ragen knorrige Felsen hervor, und am unteren Ende des Stillwater sind unter den Bäumen kahle Stellen zu sehen. Es wird zunehmend wärmer, und der Himmel überzieht sich langsam mit Wolken. Dann kommt der mühsame Marsch den Güterweg entlang. Es ist schon dunkel, als ich am Fuß des Hill beim Highway ankomme. Schmutzige Schneemassen sind am Straßenrand angehäuft, aber die Straße selbst ist frei und glänzt nass im Nieselregen.

Also werde ich wieder keine weißen Weihnachten erleben. Als ich aber am Abend des 25. Dezember in der triefenden Dunkelheit zum Außenabort stolpere und mir unterwegs die nassen Zedernäste ins Gesicht schlagen, denke ich an die Wärme zwischen den alten Holzwänden des Blockhauses, an den Baum, die Lichter, das raschelnde Weihnachtspapier, den Duft der Speisen und das Rund der freundlich strahlenden Gesichter, und ich weiß, dass der Schnee gar nicht so wichtig ist. Wer braucht ihn schon an Weihnachten, wenn man sonst alles hat?

Ein oder zwei Tage später mache ich mich auf den Heimweg. Es ist wieder kälter geworden, und als ich den Fluss hinaufgehe, kehre ich in eine weiße Welt zurück. Ich mache mich so früh wie möglich auf den Weg, aber als ich zum Lonesome Lake komme, hat der Himmel eine rosige Farbe angenommen und ist mit lang gestreckten Federwolken überzogen. Da es am oberen Ende des Sees immer ein paar riskante Stellen offenen Wassers gibt, suche ich mir, da es inzwischen schon zu dunkel geworden ist, ein Stück festen Bodens und sammle ein paar Zweige für ein Feuer. Dann zerhacke ich mit der Axt etliche Eisklumpen, fülle damit den Teekessel und mache es mir vor dem flackernden Reisig bequem. Es ist ein Tag nach Vollmond, der in einer Stunde aufgehen wird. Dann habe ich genügend Licht für den Heimmarsch.

Mein Abendessen besteht aus Suppe, Tee und Putensandwiches, die nach Rauch schmecken, weil ich sie zu nahe am Feuer aufgetaut habe. Die Wärme der letzten Tage hat auf dem Eis große Kristalle entstehen lassen. Sie haben die Form langer Nadeln, fedriger Fächer und sechseckiger Scheiben. Im Licht des aufgehenden Mondes funkeln und sprühen sie wie Wunderkerzen, und die Berge im Umkreis segeln mondweiß vor dem indigoblauen Himmel durch die Nacht.

Die Trompeterschwäne

Der Lonesome Lake ist für seine Trompeterschwäne berühmt. Nach seiner Ankunft im Tal arbeitete Ralph Edwards eine Zeit lang als Führer für einen Grizzlyjäger, der überrascht war, diese seltenen Vögel am Lonesome Lake zu finden, die ehemals über ganz Nordamerika verbreitet und sogar bis in den tiefen Südosten Floridas vorgedrungen waren. Da ihre Kiele aber für Schreibfedern und ihre Daunen für Puderquasten besonders geschätzt waren, wurden ihre Decken zu Tausenden von der Hudson Bay Company exportiert. Die Größe der Schwäne, die eine Flügelspannweite von zweieinhalb Metern haben, ihr weißes Gefieder und ihre Unfähigkeit, sich neuen Lebensumständen rasch anzupassen, trieben sie an den Rand des Aussterbens. Als der Canadian Wildlife Service 1932 von diesem kleinen Rest überlebender Tiere hörte, wurde in Zusammenarbeit mit Ralph das Lonesome Lake Trumpeter Swan Feeding Program eingeführt. Schon als Kind übernahm Trudy diese Aufgabe, die sie auch heute noch ausführt. Und anstatt der Hand voll Vögel, die ehemals hier überwinterten, kommen heute bis an die vierhundert Schwäne hierher. Inzwischen sind auch andere Winterquartiere in bisher noch wenig erforschten

Meeresarmen sowie ihre Nistplätze in Alaska entdeckt worden, und die Zukunft der Bestände an der Westküste scheint relativ gesichert zu sein.

Der Schwan ist mit seinem langen Hals und schneeweißen Gefieder schon seit langem ein Symbol für Eleganz. Da es sich beim Trompeterschwan aber um den größten Süßwasserwildvogel der Welt handelt, bedeutet das, dass er auch mit besonders großen Schwimmfüßen ausgestattet ist. Beim Fliegen sind sie unter dem Schwanzgefieder versteckt, und auch im Wasser, wo sie den Vögeln als vorzügliche Paddel und zum Schlammwühlen dienen, sind sie nicht zu sehen und lenken daher in keiner Weise von diesem Bild der Anmut ab, aber an Land kann man sie wirklich nur als ein äußerst peinliches Attribut bezeichnen.

Die Füße der Schwäne sind schwarz, mit Schwimmhäuten versehen und so groß wie Dessertteller. Die Krallen an den Zehen, die den Tieren helfen, wenn sie aus dem Wasser klettern, sind nach innen gebogen, so dass sie sich oft überkreuzen. Die stämmigen, kurzen, ledrigen Beine sind leicht gebogen. Beim Landen werden die großen Füße zum Reduzieren der Geschwindigkeit nach vorne gestreckt, was den Schwan allerdings nicht daran hindert, wie ein Flugzeug über das Eis zu schlittern. Dabei kommt es oft zu Zusammenstößen mit anderen Vögeln, die das Pech haben, im Weg zu sein. Dann folgt immer lautstarkes Geschnatter und Schwanzgewackel, bis sich endlich wieder Ruhe einstellt.

Die Schwäne kommen in kleinen Gruppen im Oktober angeflogen und lassen sich dann an den seichten Stellen an den

Seen und am Fluss nieder, wo sie unter den Wasserpflanzen im Schlamm nach Wurzeln wühlen. Da sie nicht tauchen können, darf das Wasser an ihren Futterplätzen nie tiefer als die Länge ihrer Hälse sein. Wenn die seichten Stellen zufrieren, versammeln sich die Schwäne täglich am Lonesome Lake. In langen wogenden Reihen kommen sie mit flatternden Schwingen angeflogen, um sich ihren von der Regierung gespendeten Körnerzuschuss als Ergänzung zu ihrem üblichen Futter zu holen.

Vom Einsatz des Frosts im Herbst bis Anfang März, wenn die Vögel wieder nach Norden weiterziehen, geht zumeist Trudy zum Kornschober am unteren Ende der Lagune beim Kai, jetzt, wo ich da bin, begleite ich sie auch hin und wieder. Die offene Flussrinne läuft an dieser Stelle nahe am Ufer entlang, und die Schwäne können außer bei sehr kaltem Wetter im Wasser gefüttert werden. Sobald wir eine halbe Meile von den Tieren entfernt aufs Eis steigen, schwillt der Trompetenchor an, und viele der Vögel fliegen uns schon entgegen.

Wenn wir im Herbst mit dem Füttern beginnen, gewöhnen sich die Vögel schnell an uns. Es ist schon etwas ganz Besonderes, inmitten vierhundert riesiger Schwäne zu stehen. Ihre Schnäbel reichen uns bis an die Taille und sind nur Zentimeter von unseren Köpfen entfernt, wenn wir gebückt die Körner aus den Säcken schöpfen. Das Geschnatter um uns herum ist ohrenbetäubend, nimmt aber plötzlich ab, wenn die Köpfe der Schwäne ins Wasser tauchen. In weitem Bogen fliegen die Körner durch die Luft und rieseln über die dicht gedrängten Rücken. Hin und wieder ist das Klappern eines Schnabels zu hören, wenn ein Schwan einen verstreuten Leckerbissen vom Eis aufpickt.

Wenn der Fluss zugefroren ist, müssen die Schwäne auf dem Eis gefüttert werden. Das ist aber nur möglich, wenn die Futterfläche ganz glatt ist. Bei Neuschnee tragen wir dann den Sack mit den Körnern, gefolgt von einer Schar trompetender Schwäne, so lange hin und her, bis von den vierhundert Paaren dieser wunderbaren schwarzen Füße eine ausreichend große Fläche flach getreten wurde.

Ein knappes halbes Pfund Gerste pro Vogel am Tag bedeutet, dass alljährlich bis zu sechstausendfünfhundert Kilo Körner hergebracht werden müssen. Früher wurden sie mit Pferden und über die Seen per Floß transportiert. Für diese zeitraubende Arbeit brauchte man ehemals bis zu sechs Wochen, aber jetzt wird das Futter von Nimpo eingeflogen. Die Turners arrangieren die Flüge, und sie verteilen sie so übers ganze Jahr, dass auch ihre Post mit dem Getreide kommt. Da wir keinen

Kontakt zur Flugbasis haben und die sich auch bei uns nicht melden kann, werden die Transporte Wochen vorher per Post gebucht, in der Hoffnung, dass letztlich das Wetter, der Pilot und die Maschine auch mitspielen. Die meiste Zeit funktioniert das System, aber manchmal sind die Tage, an denen eingeflogen wird, unglaublich frustrierend.

Als ich an Weihnachten draußen war, buchte ich am 30. Dezember einen Flug für meine eigenen Sachen. Dafür hatte ich kostbares Geld zusammengespart. Ich erwarte mit dem Flug nicht nur diverse Lebensmittel und dringend benötigte Kleidungsstücke und Stiefel, sondern freue mich auch auf alle möglichen persönlichen Kleinigkeiten wie Bücher, Nippes und allen möglichen Kram aus meinem Leben, der für andere völlig nutzlos ist, von dem ich mich aber bisher nicht trennen konnte.

Zur festgelegten Zeit um zehn Uhr bin ich bei der Lagune. Die Wolken hängen tief, und so zünde ich ein Feuer an und warte. Vier Stunden später haben sich die Wolken aus dem Tal verzogen, hängen aber noch immer um die Gipfel. Es ist durchaus möglich, dass Nimpo noch immer eingeschlossen ist. Ohne Telefon oder Radio kann ich aber nicht herausfinden, weshalb der Pilot nicht kommt. Bei Einbruch der Dunkelheit packe ich meine Sachen zusammen und gehe heim.

Am nächsten Tag herrscht wieder Nebel, der sich gegen Mittag allerdings aufhellt, doch das Flugzeug ist am Abend noch immer nicht gekommen. Ich habe eine recht schmerzhafte Mandelentzündung, die ein unerwünschtes Weihnachtsgeschenk ist. Da hilft das stundenlange Sitzen auf dem Eis überhaupt nicht. Ich lege die abgehende Post in einer Plastikhülle unter einen aus Stöcken gebastelten Dreifuß, um den ich orangefarbene Vermessungsbänder drapiert habe, und hoffe, dass ihn der Pilot sieht. Eine Woche lang ist das Wetter einigermaßen gut, aber es ist noch immer kein Flugzeug gekommen. Eines Nachts erhebt sich ein unglaublich warmer Wind, dessen wilde Böen mein Haus erzittern lassen, und am Morgen gießt es in Strömen. Die Post sitzt noch immer auf dem Eis. Zu Mittag schneit es wieder. Riesige weiße Flocken tanzen in einem dichten, blendenden Schleier vor meinen Fenstern. Anfangs ist es noch so warm, dass der Schnee nicht liegen bleibt, aber gegen Abend hat sich eine schwere nasse Decke gebildet. Die Birken beugen sich und brechen, und der Schnee fällt mit lautem Plumpsen als Lawine von den Tannen. Ich habe Angst um mein Dach, denn die lange, relativ flache Südseite ist für derartige Zustände nicht ausgelegt. Ich stehe mitten in der Nacht auf und schaufle alles herunter, was ich von meiner Leiter aus erreichen kann. Aufs Dach selbst zu steigen wäre zu gefährlich, weil es zu rutschig ist. Am Morgen liegt ein halber Meter Neuschnee, und es regnet wieder.

Es regnet tagelang, und der Schnee wird zu eisigem Matsch, der die Oberfläche der Lagune in eine dicke Suppe verwandelt. Am Sonntag, den 12. Januar, ist der Himmel klar, aber der warme Wind tobt noch immer, und lang gestreckte Federwolken hängen von Westen her in breiten Bändern vor den Bergen. Immer wieder hören wir Flugzeuge in allen Größen, denn bei schlechtem Wetter an der Küste benutzen die Maschinen oft unser langes, in nordsüdlicher Richtung verlaufendes Tal als Flugschneise. Die Sonne ist schon aus dem Tal verschwun den, bestrahlt aber noch immer die Gipfel, als eine rote Cessna über unseren Köpfen auftaucht und auf den See zufliegt. Ich nehme schnell meinen Rucksack und mache mich auf den Weg. Als ich beim See ankomme, ist das Flugzeug schon wieder weg. Ich sehe noch den Kanal, den es sich im dünnen neuen Eis auf der Suppe gegraben hat, und daneben ist unter meiner blauen Zeltplane ein Haufen Fracht versteckt. Es ist nur eine halbe Ladung, denn der Pilot machte sich offensichtlich Sorgen wegen der schlechten Witterungsbedingungen, aber zumindest die wichtigen Dinge wie Lebensmittel sind da. Der Rest wird in Nimpo warten müssen, bis meine Finanzen einen neuen Flug erlauben. Aber kein Hinweis, weshalb der Pilot nicht vor dem Wetterumbruch gekommen ist.

Am nächsten Tag regnet es schon wieder. Ich hole die Fracht vom Eis herunter, denn ich habe Angst, dass sie einfrieren könnte, wenn es wieder kälter wird. Der Pfad ist für die Pferde viel zu eisig, weshalb alles im Rucksack über das unwegsame Gelände getragen werden muss. Ich finde, dass es nun an der Zeit ist, dass der Hund sich seinen Unterhalt verdient, weshalb auch er einen Packen auf den Rücken bekommt, was ihm allerdings gar nicht recht ist. Beim Anblick der Satteltaschen lässt er gleich Ohren und Schwanz hängen und versucht, sich möglichst schnell unter einem Busch zu verstecken. Als ich ihn mit viel Lob ermuntere, fügt er sich schließlich resigniert in sein Schicksal und trottet mit Märtyrermiene tapfer hinter mir her.

Es ist eine eigenartige Sammlung von Dingen, die schließlich in diesem fernen Winkel der Wildnis landet. So zum Beispiel ein riesiger tönerner Wassertopf aus Afghanistan, den ich ursprünglich gar nicht kaufen wollte. Als mir der Mann am staubigen Straßenrand für meinen Zehn-Afghani-Schein dann das Wechselgeld gab, hatte ich den Topf für ein Zehntel eines Cent erworben. Ich hatte ihn dann durch ganz Asien bis zu den Antipoden geschleppt und trage ihn jetzt Huckepack über einen eisigen Pfad in British Columbia. Dann sind da die Muscheln von den Südseeinseln, die mir Kinder in den von Palmen gesäumten Dörfern, wo ich untergekommen war, geschenkt hatten. Sie bergen Erinnerungen an Orte, die im totalen Gegensatz zu meiner gegenwärtigen Bleibe stehen. Die große runde Glocke stammt von einer Kuh, die ich in der Schweiz gemolken habe, der Flaschenkürbis kommt aus Uganda und das Miniaturboot aus Schilf vom Titicacasee. Zu meinen Schätzen gehört auch der Zapfen einer chilenischen Schuppentanne, ein Pinguinei von den Falkland-Inseln und eine Schachtel mit Flaschen aus wässrig grünem Glas, die ich dort auf einer Müllhalde ausgebuddelt hatte. Ja, und dann sind da noch unzählige Bücher. Mein Hund ist der Einzige, der meine Bibliothek nicht zu schätzen weiß, denn schließlich ist er es, der sie schleppen muss.

Diese Dinge, die alle lange und seltsame Reisen hinter sich haben, kommen jetzt in einem Haus zusammen, das ich mir selbst gebaut habe. Hinter seinen Blockhauswänden verbirgt sich nun meine ganze Lebensgeschichte.

Festgefroren

Im Februar haben wir einen Kälteeinbruch, bei dem die Temperaturen auf minus zweiundzwanzig Grad sinken. Dabei merke ich, wie unzulänglich die Wärmedämmung meines Fußbodens ist. Je mehr Hitze aus meinem Ofen kommt, desto mehr bläst der Wind zwischen den Spalten meiner ungleichmäßigen Dielenbretter durch. Alles, was weiter als einen halben Meter vom Ofen entfernt ist, friert ein. Die eine Hälfte meines Wassereimers aus Plastik ist von der Hitze aus dem Ofen ganz verbeult, während in der anderen ein Klumpen Eis schwimmt. Wenn ich die Eier am Pfannenrand aufschlage, fallen sie mit einem hohlen Plumpsen ins heiße Fett und haben beim Essen eine eigenartig sandige Konsistenz. Die Zugluft, die durch die schlecht sitzenden Fensterrahmen dringt, kann ich mit Wolle abdichten, denn ich habe noch etliche Schaffelle, die ich irgendwann einmal zu Wolle spinnen möchte. Aber mit dem Fußboden kann ich nur wenig anfangen. Vom steinharten, nach dem Tauen verbliebenen Schnee ist nicht genügend da, dass ich damit die Hauswände eindämmen könnte. Um nicht zu erfrieren, muss ich im Haus zwei lange Unterhosen, meinen Daunenmantel, Handschuhe und eine Mütze tragen, und ich komme eine ganze Woche lang nicht aus den Kleidern heraus, die ich sonst im Freien überziehe.

Am Horseshoe Bend hat sich ein Eisdamm gebildet. Dahinter ist das Wasser um eineinhalb Meter angestiegen und hat schon fast den Rand der Böschung bei meinem Haus erreicht und die niedrigeren Wiesen am anderen Ufer überschwemmt. Dort ist es zu eisigen Wirbeln erstarrt, die an den Rändern spitze Kristalle tragen. Das vertraute Rauschen des Flusses ist plötzlich verstummt.

Beim Haus ist das Eis fünfzig Zentimeter dick. Es ist aber Schlammeis voller Luftlöcher, auf dem man nicht gehen kann. Täglich muss ich am Ufer zum Wasserholen ein neues Loch ins Eis schlagen. Doch manche der Eisformationen sind von außergewöhnlicher Schönheit. Oberhalb der kleinen Insel ist ein Loch, das nie zufriert und aus dem das Wasser wie Schmelzgestein aus einem Vulkan sprudelt. Es fließt von der Öffnung weg und erstarrt wie grüne Lava. Bald ist die Flussmitte sichtlich höher als die Ufer. Aus dem Loch steigen dampfende Frostschwaden, in denen sich golden die Sonne bricht, die zu dieser Jahreszeit nur zwei kurze Stunden am Tag in unserem Tal ist.

Südlich vom Anwesen hat ein Gewirr umgestürzter Bäume einen Damm gebildet, der von eisigen Zinnen und Kristallen überzogen ist, durch die der Frost in Schwaden zieht. An den Stellen, wo das Wasser hochgespritzt ist, hängen runde Eiszapfen mit Buckeln und Knoten am dicken Ansatz. In dieser eisigen Märchenwelt lebt ein erstaunliches kleines Geschöpf, der Wasserschmätzer. Der dunkle, amselartige Vogel sieht keineswegs so aus, als könnte er im Wasser leben. Er stürzt sich aber von den Eissimsen in die Fluten und sucht dann das Flussbett ab, wo er mit seinen langen Zehen die Steine umdreht und darunter nach Insektenlarven sucht. Wie ein Korken schießt er schließlich wieder an die Oberfläche, wirbelt wie ein Kreisel herum und flattert aufs Eis, wo ihm die ruckartigen Auf-und-ab-Bewegungen des Köpfchens im Englischen den Beinamen *dipper*, also Taucher, eingetragen haben. Jeder Vogel hat sein eigenes Territorium. Die drei oder vier, die in der Nähe meines Hauses leben, zanken wütend miteinander, wenn einer ins Gebiet des anderen eindringt. An sonnigen Tagen singen sie aus voller Kehle, und ihre Triller in allen Tonlagen sichern ihnen bestimmt einen Platz unter den besten Singvögeln der Welt. Normalerweise würde man einen derart prächtigen Gesang nur im Frühling erwarten, und es ist umso erfreulicher und erstaunlicher, ihn unter so rauen und winterlichen Bedingungen zu Gehör zu bekommen.

Das Wäschewaschen bei kaltem Wetter bringt ganz besondere Probleme mit sich. Das Waschen selbst ist einfach, denn es macht keine besonderen Umstände, das Wasser in den Zuber auf dem Ofen zu gießen und zu erhitzen. Aber dicke Wollsachen müssen ordentlich gespült werden, und das geht am schnellsten, wenn man sie am Ende eines langen Stocks aufhängt und durch ein Loch im Eis ins Wasser taucht. Anfangs ließ ich sie zum Ablaufen auf die Eisdecke neben dem Loch fallen, aber dort saßen sie sofort fest und bekamen Risse, wenn ich sie loslösen wollte. Nun habe ich aber gelernt, die steif gefrorenen Kleidungsstücke zuerst an den Holzstoß zu lehnen und dann nacheinander brettersteif ins Haus zu tragen, wo ich sie so lange auftaue, bis ich sie schließlich über einen Ständer hängen und abtropfen lassen kann.

Als die Temperatur auf minus vier Grad angestiegen ist, komme ich mir wie in den Tropen vor. Mantel und Handschuhe werden, auch draußen, ausgezogen, denn schließlich unterscheidet sich in meinem Haus die Außentemperatur kaum von der im Innern. Der Eisstau am Horseshoe Bend ist weg, und der Wasserstand geht so weit zurück, dass das Flussbett bei der Böschung leer und ausgehöhlt ist. Dort ist jetzt ein brusthohes Loch mit einer fünf Meter dicken Eisdecke darüber und darunter nichts als Luft. Die Mitte des Flusses hat wieder die normale Wasserhöhe erreicht, und das Gefälle von der Böschung ist viel zu steil, als dass man darauf gehen könnte, selbst wenn ich es für sicher halten würde. Ich muss mir mit dem Holzhammer einen Weg zum offenen Wasser schlagen. Doch bald befreit die Wärme den Fluss wieder und gibt ihm seine Stimme zurück. Eisschollen bahnen sich stoßend und reibend einen Weg, bis der Hauptkanal frei ist, während das Wasser mit eigenartigen Schlürflauten gegen den verbliebenen Eisrand schlägt.

Kurz vor Weihnachten wurde Valerian von den Turners geschlachtet. Sie war noch in den besten Jahren, war aber schon mehrmals nicht mehr trächtig geworden, und so hatte man beschlossen, ihren Platz einer der Färsen zu überlassen, die bald kalben würde. Das bedeutet, dass es nun reichlich frisches Rindfleisch gibt und dass ich den halben Rumpf kaufen kann. Ich lagere das meiste davon im Turner'schen Fleischschrank, bei dem es sich um einen geschützten, schattigen und gut belüfteten

Raum in einem der aus schweren Blöcken gefügten Nebenge-bäude handelt. Hin und wieder bringe ich ein fünfzig Pfund schweres Stück Fleisch herüber und hänge es an einem vorste-henden Deckenbalken an der nördlichen Hauswand auf. Eines Tages höre ich ein seltsam dumpfes Schlagen, als ob jemand von außen gegen die Wand pochen würde. Da ich den Verdacht habe, dass die Katze oder der Hund versuchen könnten, ans Fleisch zu kommen, sperre ich die beiden ein, aber das Pochen hört nicht auf. Ich schleiche nach draußen und stelle mich ganz still an die Hausecke. Nach ein paar Minuten lugen unter der Hauswand die hellen Augen, die spitze Nase und die buschigen runden Oh-ren eines Marders hervor. Er läuft den Stamm hinauf und hängt sich an die schwankende Rindskeule, mit seinem Körpergewicht reißt er einen Bissen aus dem Fleisch und lässt sich damit in den Schnee fallen. Es gelingt mir, ihn von weiteren Überfällen ab-zuhalten, aber das intelligente, neugierige Tier bleibt mir noch lange treu. Er ist mir schon richtig ans Herz gewachsen, wenn ich merke, wie er zwischen den Löchern im Holzstoß hervorlugt oder anmutig durch den Schnee springt.

Auch viele andere Tiere teilen den Winter mit uns. Wolf-spuren sind gar nicht selten. Manchmal erfüllt ihr Heulen das ganze Tal. Es ist ein bewegendes Klagelied, das durch seinen mysteriösen Klang die Kluft zwischen Mensch und Kreatur zu unterstreichen scheint. Ich habe diese Fabeltiere nur einmal zu Gesicht bekommen. Das war auf einer Wanderung über der Baumgrenze im Sommer, bevor ich mit dem Hausbau begann. Es waren drei Wölfe, die die Schneereste unter mir nach Mäu-sen absuchten. Trotz der großen Entfernung war es ein unvergessliches, packendes Erlebnis, und ich wünsche mir, dass ich eines Tages noch mehr von diesen Geschöpfen sehen werde.

Jede Nacht kommt ein Fuchs vorbei und nagt an den Knochen, die der Hund überall verstreut hat. Die Katze meldet seine Ankunft immer durch ein lautes Knurren von der Veranda, das mich aufweckt. Dann sehe ich das hübsche Tier, wie es mit seinem buschigen Schwanz im Licht des Mondes leichtfüßig dasteht. Eines Nachts höre ich ein dumpfes Knirschen und merke, dass ein Elch direkt unter meinem Fenster steht, was mich sehr erstaunt, denn die wenigen Tiere, die hier überwintern, bleiben für gewöhnlich unten an der Lagune. Fettstücke, die ich mit Draht an einem Baum befestigt habe, werden von Eichhörnchen, Diademhähern, Grauhähern und den listigen und geschwätzigen Raben aufgesucht. Die meisten Tiere kommen wegen des offenen Wassers im Fluss hierher. Wie Aasgeier kauern die Adler gekrümmt auf den kahlen Ästen, und im Wasser tummeln sich so viele Otter, dass man die rasche Folge der Köpfe und Körper gar nicht zählen kann. Sie prusten und knurren in den Höhlen unter dem Eissims und folgen mir, wenn ich über ihnen auf dem Eis marschiere. Wenn sie dann mit gefletschten Zähnen in den Luftlöchern unter meinen Füßen nur Zentimeter von meinen Stiefeln entfernt auftauchen, bekomme ich es richtig mit der Angst zu tun.

Hin und wieder zieht auch eine Schwanenfamilie den Fluss hinunter, aber es gibt hier nur wenig Futter. Mit ihren Füßen wirbeln sie wild den Boden auf und filtern dann mit gebeugtem Kopf die Leckerbissen aus dem Schlamm. Dazwischen tummeln sich Säger auf der Suche nach kleinen Wassertierchen, die von

den paddelnden Schwänen aufgescheucht wurden. Dabei riskieren es die grazilen Haubenenten aber, von den Schwänen gelegentlich für ihre Verwegenheit gezwickt zu werden.

Die Leute in der Stadt wundern sich oft, wie wir Menschen im Busch ohne Unterhaltung auskommen. Es gibt keine geselligen Zusammenkünfte und kein Fernsehen, und selbst der Radioempfang lässt viel zu wünschen übrig. In der Nacht kommen ein paar kalifornische Sender durch, aber die dämlichen Werbeeinschaltungen gehen mir zu sehr auf die Nerven. Wenn ich CBC überhaupt empfange, dann nie untertags, aber im Winter kann ich mir wenigstens morgens und abends die Nachrichten anhören. Die Sendungen werden von Vancouver ausgestrahlt, und wenn dann von Staus auf der Lions Gate Bridge die Rede ist oder geraten wird, einen Regenschirm zur Arbeit mitzunehmen, kommt mir das alles recht irrelevant vor.

Leider scheinen die Medien der Ansicht zu sein, dass sie Nachrichten wie Seifenopern verkaufen müssen. Noch schlimmer ist es aber, an Tagen mit schlechtem Empfang nur ein paar Nachrichtenfetzen mitzubekommen, als gar nichts zu hören. Da gab es zum Beispiel einmal die vage Ankündigung, dass um sieben Uhr eine verlängerte Sendung übertragen würde, weil… Weshalb, hörte ich nicht mehr. Die Stimme des Sprechers hatte aber recht gespannt geklungen. Als CBC einen Monat zuvor, als die Raumshuttle *Challenger* explodiert war, etwas Ähnliches angekündigt hatte, fragte ich mich nun, welch weltbewegendes Ereignis denn diesmal eingetreten sein könnte. Mit meinem Ohr am Radio wartete ich auf die nächsten Nachrichten, aber das Gerät blieb stumm. Am nächsten Morgen war von einem Unglück die Rede, aber es gab keine Einzelheiten. Die Stimme des Sprechers klang noch immer schicksalsschwer. Welche Art von Unglück konnte denn so wichtig sein? Ein Flugzeugabsturz? Hatte ein Jumbo auf einem dicht besiedelten Gebiet eine Bruchlandung gemacht, wobei Tausende ums Leben kamen? Hatte uns ein politischer Unfall an den Rand eines Atomkriegs gebracht? Ich machte mir nun wirklich Sorgen. Was war *tatsächlich* geschehen? Zwei Tage später war der Empfang klar und deutlich. Ein Zug war im nördlichen Alberta entgleist, wobei zwanzig Menschen den Tod fanden. Natürlich war es für die Betroffenen eine Tragödie, aber kaum ein Stoff, den man so sensationell hätte aufmachen müssen.

Die Hauptstütze meines intellektuellen Lebens ist die Versandbibliothek. Das ist eine fantastische Einrichtung. Die Regierung übernimmt die Versandkosten in beide Richtungen, und oft habe ich bis zu sechzig Bücher zwei oder drei Monate lang bei mir. Sie gehen an die Adresse der Turners am Nimpo Lake und werden dann mit dem Futter für die Schwäne eingeflogen. Die Abonnenten bekommen einen riesigen Computerausdruck mit populären Titeln, ich ziehe aber Sachbücher vor und habe eine lange Wunschliste zusammengestellt. Die Frau im Hauptbüro sucht dann alle Bibliotheken in British Columbia ab, und die Bücher kommen schließlich aus Quesnel, Lillooet, Williams Lake, Hundred Miles und vielen kleineren Gemeinden zu mir. Wenn die Bibliothekarin, die ich nur unter dem Namen Marcia kenne, nicht das Gewünschte auftreiben kann, schickt sie mir etwas Ähnliches und zur Sicherheit noch ein paar andere Titel dazu. Die Tage, an denen das Flugzeug kommt, sind wie Weihnachten, denn ich weiß nie, was in den Paketen versteckt ist. Der Großteil der Bücher bezieht sich auf meine Arbeit als Künstlerin. Sie sind meine Lehrer und meine Kunstgalerien, von denen ich schon viel gelernt habe.

Im Februar sind die Tage merklich länger, und es ist wärmer geworden. Das restliche Fleisch muss konserviert werden, und so konzentriert sich mein ganzes Tun und Lassen nun auf das pfeifende und schnaubende Monster, den Schnellkochtopf, mit dem ich die Sachen einmache. Außer dem Rindfleisch gibt es jetzt auch Pferdefleisch. Da das Futter knapp ist, musste ein Pferd, Ginger, das im Geschirr nie gut gearbeitet hat, ins Gras beißen. Es ist kein leichter Entschluss, ein gesundes Tier, mit dem man jahrelang gearbeitet hat, zu töten, aber es rentierte sich einfach nicht mehr, für Ginger weiterhin Futter einzufliegen, denn alle übrigen Tiere wären dadurch in Mitleidenschaft gezogen worden. Eines Morgens höre ich auf der anderen Flussseite einen Schuss und weiß, dass sie tot ist. Ja, die Unabhängigkeit erfordert eben ihre eigenen Opfer.

Das dunkle trockene Pferdefleisch wird vom gelben Fett befreit, in Stücke geschnitten, gekocht, im Fleischwolf gehackt und dann als Hundefutter getrocknet. Es ist eine mühselige Arbeit, denn ich habe nur wenig Platz auf meinem Ofen und muss daher meinen Tag sorgfältig planen. Untertags mache ich das Rindfleisch ein, und in der Nacht koche ich das Pferdefleisch und lasse es dann, noch vor dem Morgengrauen, auf meiner schwach erleuchteten Küchenbank durch den Fleischwolf, der dabei ein unangenehmes, knorpeliges Geräusch von sich gibt. Mir kommt vor, als ob ich zu einer höllischen Aufgabe verurteilt worden wäre, bei der ich auf immer und ewig im schwachen Schein einer Lampe Fleisch hacken muss.

Frühlingsfieber

Winterwanderungen sind selten eine stille Angelegenheit. Der Schnee knirscht und quietscht bei jedem Tritt, und als ich im Februar wieder auf Posttour gehe, haben Regen und Frost in der Eisdecke des Lonesome Lake über den Luftlöchern mehrere hauchdünne Eisschichten gezogen, die einen jeden meiner Schritte mit dem dissonanten Geklirre von brechendem Glas begleiten. Es ist, als ob ich die ganze Strecke über Frühbeete wandern würde.

Und dann ist März. Die eisigen Schneereste verschwinden nur langsam, und die dicken Eisränder sitzen noch lange hoch am Ufer fest, nachdem der Fluss schon längst aufgetaut ist. Obwohl die Sonne manchmal schon kräftig scheint, ist der Wind noch immer frisch und kühl, und in den Nächten herrscht scharfer Frost. Nach dem Kälteeinbruch im Februar sind die Schwäne plötzlich abgezogen, und an ihrer Stelle sind nur ein paar frühe und viel kleinere Sommerzugvögel gekommen. Hin und wieder stimmen sie halbherzig ein Liedchen an, das aber noch eher symbolischen Charakter hat. Im Haus tauchen aus dem Nichts große schwarze Fliegen auf, die mit lautem Gebrumme gegen die versiegelten Fenster taumeln.

Es ist eine ruhelose Zeit, draußen ist es noch zu kalt zum Arbeiten und drinnen zu hell, um im Haus zu verweilen. Bestürzt registriere ich nach der Schneeschmelze die Abfälle vom Bauen, die vor dem Haus herumliegen, kann aber, solange der Boden noch fest gefroren ist, kaum etwas dagegen tun. Auch für den Garten ist es noch zu früh. In den Plastiktrommeln für das Kettenöl, die ich entsprechend zugeschnitten habe und die nun meine sonnigsten Fensterbänke zieren, habe ich aber schon Kohl-, Zwiebel- und Tomatensamen gesät, und bei dem Gedanken an frisches Gemüse, auf das ich ja sicher noch lange warten muss, läuft mir bereits das Wasser im Mund zusammen. Ich schmücke das Haus mit Pappel- und Erlenzweigen. Die Kätzchen der Erlen werden gleich lang und lassen ihren Pollen in runden Klecksen auf den Boden fallen, die Knospen der Pappeln dagegen öffnen sich nur langsam und verströmen dann ihren unvergleichlichen Duft.

Mein Freund, der Marder, ist ein Opportunist. Er bemerkt vor mir, dass sich der Boden erweicht hat. Schnell gräbt er sich unter den bärensicheren Wänden meines Hühnerstalls durch und bringt zwei Hühner um. Wahrscheinlich hätte er allen den Garaus gemacht, wenn das hysterische Gehabe der Hühner ihn nicht aus der Fassung gebracht und mich gewarnt hätte. Ihr zermürbendes Gekreische hat also doch einen Zweck. Bei meiner Ankunft lässt der Marder seine Opfer vorsichtshalber liegen, und so beschließe ich, sie selbst zu essen. Hühnerfleisch ist ein Leckerbissen für mich. Da es sich bei den beiden aber um Legehennen handelt, ist kaum ein Bissen Fleisch auf den Knochen. Als Eierproduzenten wären sie viel nützlicher für mich gewesen. Ich grabe mit aller Gewalt Löcher in den festen Boden um den Hühnerstall, und es gelingt mir, die Pfähle für den Hühnerdraht, der mit dem Flugzeug im Februar angekommen ist, einzulassen. Dann lege ich auch noch einen breiten Streifen des Drahtgeflechts vor dem Zaun auf den Boden und beschwere ihn mit Steinen, damit sich unerwünschte Gäste nicht wieder von unten einschleichen können.

Zu dieser Jahreszeit werden die Maultierhirsche recht zutraulich und scheinen nur wenig Angst vor mir zu haben. Sie kommen auf die Lichtung und knabbern an den jungen Trieben der grünen Unkrautpflanzen, die sich dort angesiedelt haben. Wenn ich dabei im oder um das Haus herum beschäftigt bin, störe ich sie gar nicht. Solange ich mich nicht zu schnell bewege, starren sie mich nur mit gelinder Neugier an, bevor sie wieder ihre Häupter senken. Anfangs sind sie weit mehr am Hund interessiert, der sie zwar unentwegt beobachtet, aber folgsam in Ruhe lässt. Schließlich ignorieren sie auch ihn. Dieses scheinbar zahme Verhalten dauert etliche Wochen, bis sich die Herde Ende Mai trennt und die Muttertiere ihre Kitze werfen.

Einer der Maultierhirsche, der auf die Lichtung kommt, erlebt eine recht unangenehme Überraschung. Ich bin mit meinem Auslauf für die Hühner gerade fertig geworden, und meine restlichen drei Hennen baden in der Frühlingssonne im Staub. Da kommt die Hirschkuh allein und sorglos durch den Wald gezogen. Im Vorbeigehen bemerkt sie plötzlich die Hühner. Sie bleibt mit weit vorgestrecktem Kopf schnaubend stehen, und ihre Lauscher stehen ihr wie Tischtennisschläger vom Kopf. Sie ist ein Bild des Erstaunens. Ich merke, dass sie diesen

171

eigenartigen Kreaturen um keinen Schritt näher kommen will. Den Blick fest auf das Geflügel gerichtet macht sie einen langen Umweg und ist dabei so in ihren Anblick vertieft, dass sie am ganzen Körper zittert und gar nicht sieht, dass ich neben dem Haus ihr direkt im Weg stehe. Ich warte, bis ich sie schon fast berühren kann, und als ich es nicht länger aushalte, sage ich laut »Buh!«. Vor Schreck springt die Hirschkuh einen Meter in die Luft und rennt, so schnell sie die Beine tragen, zum Fuß des Bergs, wo ich sie noch immer laufen sehe.

Jetzt, wo ich mir nicht mehr zielstrebig ein Dach über dem Kopf schaffen muss, kann ich mir meine Umgebung ein wenig näher ansehen. An der steilen Talseite ist der Wald nicht mehr so dicht, und ich komme problemlos durch. An manchen Stellen liegen haufenweise Drehkiefern, die vor langer Zeit dem Borkenkäfer zum Opfer gefallen sind und jetzt ein Gewirr morscher Äste und Stämme bilden. Eines Tages klettere ich die

Talwand hinauf und sehe über den westlichen Rand hinaus die Gipfel der Berge, die die Hochebene hinter den Hunlen Falls umringen. Den Atnarko hinauf liegen zwei Seen versteckt. Auf dem Lonesome Lake unterhalb der Hütte schwimmen auf dem offenen Wasser noch dunkle Blöcke von brandigem Eis. Der erweiterte Horizont ist ein gutes Mittel gegen meine innere Unruhe, und der Ausflug wird bald zu einer meiner liebsten Wanderungen. Manchmal liegt dabei im Tal noch Nebel, durch den ich zur Sonne hinaufsteige.

Der April ist ins Land gezogen, und der Schnee ist endlich verschwunden. Auf dem See liegt kein Eis mehr, aber der kalte Wind hält den Frühling noch immer in Schach. Meine kümmerlichen Setzlinge sehen kränklich aus. Auf dem Fensterbrett ist es ihnen zu kalt, aber näher am Ofen bekommen sie nicht genügend Licht.

Ich habe mich schon auf meine erste Fahrt im Kanu gefreut und stelle mir begeistert vor, wie es ins Wasser gleiten und mühelos auf dem bewegungslosen See hinuntertreiben wird. Das ist doch viel angenehmer als der beschwerliche Marsch auf dem Pfad ums Ufer. Als ich mich aber Ende des Monats auf den Weg in die Stadt mache, tobt ein stürmischer Südwind. Anfangs finde ich es recht aufregend, so mühelos über die hohen Wellen getragen zu werden, als der Wind die Wellen am nördlichen Ende des Sees aber noch höher aufwirbelt, bekomme ich es doch mit der Angst zu tun. Weiße Schaumkronen rollen über den graugrünen Wogen auf mich zu. Mein Kanu schaukelt wie eine Ente, und ich traue mich nicht, es mit der Breitseite gegen die Wellen zu steuern. Es wird immer schwieriger, einen Kurs zu finden. Der Abschnitt von der letzten Landzunge bis zum Abfluss ist immer am gefährlichsten, wenn der Wind aus dieser Richtung kommt. Bei dem Gedanken, wie das Wasser an der Stelle, wo ich für gewöhnlich an Land gehe, gegen den felsigen Strand tosen wird, weiß ich gar nicht, ob mein Kanu das heil überstehen würde. Ich bin noch immer ein paar Kilometer vom Ende des Sees entfernt, als ich am Ufer eine kleine Sandbank zwischen den Felsen entdecke. Schnell steuere ich darauf zu und springe in meinen Socken ins kniehohe Wasser. Dann ziehe ich das Kanu über etliche schwimmende Baumstämme, damit es nicht beschädigt wird oder gar untergeht.

Der windige Sprühregen ist in Schnee übergegangen, und die dünne Matschdecke am Stillwater macht die nassen Wurzeln und Felsen recht rutschig. Auf dem Güterweg liegt der Schnee, der nun in dichten Flocken vom Himmel fällt, bereits sieben Zentimeter tief. Niemand kommt mir entgegen. Mein Mantel ist undicht, und ich bin völlig durchnässt. Wie sehr ich mich beim Gehen auch anstrenge und die Füße gegen den steinigen Boden schlage, es wird mir einfach nicht warm. Vielleicht hilft es, wenn ich etwas esse. Schließlich habe ich den ganzen Tag noch nichts zu mir genommen. Mir ist aber so kalt, dass ich es nicht wage, stehen zu bleiben und meine Brote aus dem Rucksack zu holen.

Als ich bei Einbruch der Dunkelheit den Highway erreiche, bin ich seit zehn Stunden unterwegs, und bis Stuie liegen noch fast zwanzig Kilometer vor mir. Per Anhalter zu fahren wird kaum in Frage kommen, denn bei diesem Wetter wird sicher niemand den Hill in Angriff nehmen, auf dem der Schnee schon viel tiefer ist. Meine einzige Hoffnung liegt darin, dass Katie oder Dennis vielleicht in der Dunkelheit die Straße herauffahren, was sie oft tun, wenn sie wissen, dass ich komme.

Ich habe aber kaum den Highway erreicht, als ich schon höre, wie hinter mir ein Fahrzeug anhält. Der Fahrer kommt aus Alaska. Auf der Passhöhe musste er natürlich auf den Schneepflug warten, erzählt er mir, aber vor diesen Zuständen hätte er wahrlich keine Angst. Zwanzig Minuten später sitze ich in Stuie mit einer heißen Tasse Tee vor einem knisternden Feuer.

Der Sturm ist der letzte in diesem Winter. Auf der wilden Stachelbeere, die immer als eine der Ersten blüht, sprießen schon kleine Blättchen. Der junge Elch, der mich im Winter unter meinem Fenster überraschte und dem ich danach noch mehrmals unten an der Lagune begegnet bin, setzt ein neues Geweih an. Es sind waagrechte Stöcke mit Knoten am Ende, die ihm wie die Antennen außerirdischer Wesen vom Kopf stehen.

Der Mai bringt mir eine Möglichkeit zum Geldverdienen. Im Lauf des Winters haben Katie und Dennis und ihre drei unmittelbaren Nachbarn Strom bekommen. Um die hohen Kosten für die Verlängerung der Stromleitung um zwanzig Kilometer erschwinglicher zu machen, haben die Leute beschlossen, den Großteil der Arbeit selbst zu machen. Das Wegerecht ist schon geregelt, und die Masten mit den Leitungen stehen bereits, aber am Straßenrand liegt noch immer eine Menge Gestrüpp, das vertragsgemäß wegzuräumen ist. Für alle, die im Touristengeschäft tätig sind, ist im Frühling aber viel zu tun, und so wird mir dieser Job übertragen.

Die Aufräumarbeit ist mir nicht fremd, und ich habe keine Illusionen, dass sie besonders angenehm sein wird, aber es gibt auch Entschädigungen. Kaum ein Ort ist schöner als das Bella Coola Valley im Frühling. Wie Springbrunnen stehen die Birken mit ihren goldenen Kätzchen da, und die kleinen verkrümmten Espen, die auf den Geröllhalden ihr Dasein fristen, tragen kupferfarbene Blättchen, so glänzend und rund wie neue Münzen. Die Vögel, die so lange in den Kulissen gewartet haben, stimmen nun ihre Frühlingssymphonie an. Die Halsbanddrosseln hören sich wie Telefonklingeln an, dazwischen gibt das Felsengebirgshuhn aus geblähtem Kehlsack dröhnende Laute von sich, und das Kragenhuhn tuckert wie ein kleiner Gasmotor, wenn es die Luft mit seinen Flügeln schlägt. Der Helmspecht trommelt klangvolle Wirbel gegen tote Aststümpfe, und der Saftlecker könnte mit seinem rhythmischen Gerassel einen Disney-Film untermalen. Die Meisen singen schon ihr Sommerlied, Rotkehlchen flitzen wie Mäuse übers Gras, und der Kolibri lässt sein schillerndes Gefieder wie Juwelen im Licht der Sonne glänzen und leuchten.

Wolkenbänke stauen sich um den Mount Stupendous und brechen dann um seine Gipfel auseinander, während Lawinen über die steilen Felswände in die Tiefe stürzen. Die Bäume sind in prachtvolles Frühlingsgrün gehüllt, das mehrere Wochen lang anhält, wilde Blumen schmücken den Straßenrand, und Stinkkohl glüht mit seinen gelben Laternen in den dunklen Zedernsümpfen. Er ist ein beliebter Leckerbissen der Schwarzbären, die ich dort oft sehe.

Als ich mich aber zur Arbeit melde, ist die unberührte Schönheit der Gegend zerstört. Schwere Maschinen baggern am Fuß der Berge, und gewaltige Explosionen erschüttern ihre Grundfesten. Eine große Holz- und Baufirma sprengt eine Straße in den Berg. Der Talchako River, der zwischen den Bergen und dem Highway verläuft, bildet auch die Grenze des Tweedsmuir-Parks, was bedeutet, dass die herrlichen Gebirge auf der anderen Talseite nicht geschützt sind. Meilenweit ist das Gewinsel der Kettensägen und das dumpfe Dröhnen der gefällten Bäume zu hören. Es klingt wie fernes Artilleriefeuer. Die Spuren der Zerstörung breiten sich schnell über die Talseiten aus wie die offenen Wunden einer unheilbaren Krankheit. Nach den entsetzten Protesten der Anwohner versprach ihnen die Firma, in Zukunft kleinere Areale landschaftlich zu gestalten, was aber nicht viel ändert. Diese Schandflecke werden über Generationen als Zeugen menschlicher Habgier überdauern.

Kahlschläge haben, vor allem auf Steilhängen, für die Umwelt verheerende Folgen. Das Reisig wird mit dem Bulldozer planiert und verbrannt, wobei auch oft der dünne, karge Boden, der Jahrhunderte braucht, bis er sich in den langsam wachsenden Tannenwäldern festsetzt, mit verkohlt. An den Stellen, wo die schweren Regenfälle der Küstengegend den verbliebenen Boden nicht ausgewaschen haben, wird der Wald nachwachsen, aber in den trockeneren Gebieten muss wieder aufgeforstet werden. Das geschieht nicht immer, aber selbst dort, wo es geschieht, kann auf einem zerstörten Boden nichts mehr wachsen. Die ungeschützten Hänge erodieren schnell, und Schlick, der dem Wasser den Sauerstoff entzieht und die Eier der laichenden Lachse erstickt, verpestet die Flüsse. In diesem Teil der

Welt ist fast alles, ganz gleich ob Mensch oder Umwelt, vom Lebenszyklus der Lachse abhängig, und wenn der aus dem Gleichgewicht kommt, wirkt sich das unweigerlich auch auf die Nahrungskette aus.

Dort, wo sich der Wald regeneriert hat, werden die schnell wachsenden Weiden und Erlen, die von der Natur zum Schutz und zur Ernährung des Bodens mit ihren schnell verwesenden Blättern eingesetzt sind, von den großen Holzfirmen mit Chemikalien besprüht. Die sind zwar angeblich »ungefährlich«, werden aber über die erodierten Hänge in den Fluss gespült. »Wirtschaft! Wirtschaft!«, schreien die Holzfirmen im Refrain, und die Politiker äffen ihren Ruf nach. Was geschieht aber mit der Wirtschaft, wenn es keine Bäume mehr zu fällen gibt, wenn einer der wichtigsten Laichgründe des pazifischen Lachses zerstört ist, wenn Jäger über Straßen in Gebiete gelangen, die für sie bis dahin unzugänglich waren und wenn die Touristen, die von der »unberührten Schönheit« des Tals angezogen wurden, entsetzt das Weite suchen?

Katzengeschichten

Meine Katze ist für meine Nachbarn zur Plage geworden, vor allem wenn sie läufig ist, was anscheinend fast immer der Fall ist. Dann jault sie entsetzlich und verbringt die meiste Zeit am anderen Flussufer, wo sie sich mit den Turner'schen Katzen (die auch Weibchen sind) in den Haaren liegt. Kein Wunder, dass die Turners schön langsam die Geduld verlieren. Da der Tierarzt viermal im Jahr ins Bella Coola Valley kommt, und einer seiner Besuche mit meiner Aufräumarbeit in der Nähe von Stuie zusammenfällt, habe ich die Katze zum Kastrieren mitgenommen.

Pussy Cat war schon immer recht lebhaft und eigensinnig. Ich stecke sie in einen Sack und dann in einen Karton, den ich auf meinen Rucksack binde. Dabei erwarte ich keineswegs, dass sie den Transport genießt, sondern hoffe insgeheim, dass sie vor lauter Verwirrung ganz einfach im Karton bleiben wird. Doch weit gefehlt, nach drei Kilometern hat sie sich schon freigekämpft, und ich muss sie nun auf dem Arm tragen. Dabei knurrt sie die ganze Strecke frustriert vor sich hin und versucht hin und wieder, auf einen Baum zu entkommen. Ich habe ihr aber eine Schnur um den Hals gebunden und kann sie mühelos wieder einfangen. Als junges Kätzchen in meinem Lager wollte sie mir bei meiner Arbeit mit der Kettensäge immer nachlaufen, und ich habe sie zu ihrem eigenen Schutz an Halsband und Leine gewöhnt. Anfangs wehrte sie sich dagegen, gewöhnte sich aber schließlich überraschend schnell daran, was sich jetzt auf dem Hinweg, vor allem im Kanu, bezahlt macht. Das arme Geschöpf hasst das Wasser und verkrallt sich in meine Schenkel, während ich im Boot kniend paddle, aber sie versucht wenigstens nicht, mir zu entkommen. Am Ende unseres Fußmarsches muss sie dann eine weitere Demütigung über sich ergehen lassen, weil ich sie erneut in den Sack stecke und hinten in meinem Wagen auf den Boden lege, was sicher recht beängstigend für sie ist.

In Stuie wohne ich zumeist in dem Gästehaus, das dem ehemaligen Besitzer von Katie und Dennis' Anwesen gehört. Er benutzt es nur selten, und Katie und Dennis bringen gelegentliche Besucher darin unter, die das Haus als Gegenleistung instand halten. Es ist ein größeres Gebäude im Ranchstil, das aus maschinell geschnittenen und nur vierzehn Zentimeter dicken Zedernbrettern zusammengefügt ist. Riesige Fenster geben den Blick auf ein herrliches Panorama frei, aber das Haus selbst erweist sich für die herrschenden Umweltbedingungen fast das ganze Jahr über als völlig ungeeignet. Die Panoramafenster, die mit handelsüblichen Scheiben verglast sind, weisen nach Süden, wo die Aussicht am schönsten ist. Sie lassen sich nicht öffnen, und so ist das Haus im Sommer wie ein Backofen, denn die paar Fenster, die man aufmachen kann, bieten keine ausreichende Belüftung. Im Winter lässt sich das Haus nicht erwärmen, und die Installationsarbeiten sind so schlecht, dass das

Wasser nicht ordentlich abläuft. Im Frühling platzen jedes Mal die Rohre. Das Fundament des Hauses steht direkt auf dem Boden, und die Frosthübe haben das ganze Gebäude so verzogen, dass fast keine der Türen mehr richtig schließt.

Eines macht alle diese Nachteile aber wieder wett: Das Haus ist schön. Die großflächigen, gut beleuchteten, geölten Zedernwände geben einen schmeichelnden Rahmen für meine Bilder ab, und so richte ich im Wohnzimmer für die Dauer des Sommers eine kleine Galerie ein.

Pussy Cat darf im Haus frei herumlaufen und hat im Wirtschaftsraum ihr Kistchen. Sie ist eine gute Mauserin und wird sich damit sicher ihren Unterhalt verdienen. In der Küche steht ein Holzofen und auf der Anrichte ein großer Wasserbottich, da die Wasserleitung noch immer nicht funktioniert. Als ich am ersten Morgen zur Arbeit gehe, sperre ich die beiden Türen zu. Für gewöhnlich mache ich das nicht, aber ich will verhindern, dass jemand hereinkommt und die Katze vergisst. Die versperrte Türe würde sie daran erinnern. Pussy Cat mag keine fremden Leute, und nach den Aufregungen unserer Reise könnte sie leicht davonlaufen und zur Streunerin werden. Und da es genügend Kater in der Gegend gibt, könnte das eine Explosion in der Katzenbevölkerung mit verhängnisvollen Auswirkungen für die kleineren Tiere zur Folge haben.

Ich bin am Abend bei Katie und Dennis zum Essen eingeladen. Das Gästehaus ist von ihrem Haus, wo ich mich nach der Arbeit wasche, nicht sichtbar. Katie und Dennis sind nicht daheim, aber ihr Hund, der eine Schwester von meinem ist, sitzt auf der Veranda. Es dauert nicht lange, und schon stimmen die beiden Hunde ihr Bärengebell an. Ich sehe auch gleich, dass sie einen Bären auf der anderen Hofseite auf einen Baum gejagt haben. Ich rufe die Hunde zurück und sperre sie ein, in der Hoffnung, dass sich der Bär verdrücken wird. Zwischen den Zedern, die über das ganze Anwesen verstreut sind, stehen mehrere Gästehäuser, die im Moment nicht belegt sind. Eines davon ist allerdings erst vor kurzem frei geworden. Der Bär klettert vom Baum und marschiert direkt auf das Häuschen zu, denn wahrscheinlich ziehen ihn noch die Gerüche von Essen oder Abfällen an. Der Bär steht aufrecht auf den Hinterbeinen und stößt mit aller Wucht systematisch gegen die Fenster, von denen er die Fliegengitter schon vorsichtig mit seinen Krallen zerrissen hat. Ich gehe nach draußen und schreie ihn an. Angst mache ich ihm damit aber keine, denn er dreht sich nur um und starrt mich finster an. Hilflos gehe ich wieder ins Haus zurück und beobachte ihn. Als es ihm nicht gelingt, ins Häuschen einzudringen, verliert er das Interesse und zieht ab. Doch er scheint es immer noch auf die Gästehäuser abgesehen zu haben, denn er ignoriert einen Haufen leerer Konservendosen ganz in der Nähe, die für Bären auf der Suche nach Essbarem für gewöhnlich immer eine erste Anlaufstelle sind. Da ich von keinen problematischen Bären in der Umgebung gehört habe, nehme ich an, dass er anderswo Ärgernis erregt hat und dann eingefangen und im Naturpark wieder ausgesetzt worden ist. Für gewöhnlich hofft man, dass sich das Tier auf diese Weise bessern wird, was aber nur selten der Fall ist.

Vor Einbruch der Dunkelheit gehe ich zu meinem Haus zurück und sperre die Hintertüre auf. Wir haben keinen Schlüssel für die vordere Türe, die von innen verschlossen ist. Die Hunde, die mich begleitet haben, verfallen sofort in stürmisches Kläffen, was darauf hindeutet, dass sich der Bär ganz in der Nähe aufhält. Ich gehe den Gang entlang und bleibe im Wohnzimmer wie angewurzelt stehen. Die Möbel liegen drunter und drüber im ganzen Raum verstreut. Das muss der Bär gewesen sein.

Ich stürze den Hügel hinunter und hole Dennis, der inzwischen nach Hause gekommen ist, mit seinem Gewehr. Als wir zurückkommen, ist das Haus leer. Die vordere Türe, von der ich auf meinem Weg ums Haus herum überhaupt keine Notiz genommen hatte, steht weit offen, ebenso das Küchenfenster. Anscheinend war das Schloss im verzogenen Türrahmen nicht richtig eingeschnappt, und man kann sich gut vorstellen, dass der Bär die Türe ganz einfach aufgestoßen hat und ins Haus marschiert ist. Sicher hat er die Katze gefunden. Anscheinend hatte sie sich unter dem schweren Sofa versteckt, denn das hatte der Bär umgeworfen und die Kissen im ganzen Raum verstreut. Eigenartigerweise ist aber nichts zerrissen. Pussy Cat muss unter den Ofen geflüchtet sein, denn der wurde als Nächstes umgeworfen. Dann der Wasserbottich, dessen Inhalt sich mit dem Ruß und der Asche vom Ofen zu einem klebrigen Brei vermischt hat, in dem der Bär herumgetrampelt ist, bevor er im ganzen Haus weiter Jagd auf die Katze gemacht hat. Die schwarzen schmierigen Pfotenabdrücke sind überall zu sehen – auf den Möbeln und sogar ganz oben an den Wänden.

Aber es könnte schlimmer sein. Schließlich ist nichts zerbrochen oder schwer beschädigt, außer der Tür zur Holzkiste, die beim Fallen zerdrückt worden ist. Wenn Bären Angst haben, lassen sie reichlich Stuhl. Der unsere hat das nicht getan hat, was darauf schließen lässt, dass er mit Gebäuden recht vertraut ist. Meine zweite Sorge – die erste war um die Katze – betrifft die Bilder, die überall an den Wänden hängen. Aber wie durch ein Wunder ist nur eines davon beschädigt. Das Papier ist nicht zerrissen, aber direkt in der Mitte prangen fünf tiefe Klauenabdrücke. Es gibt viele Geschichten von Tieren, die eigene Kunstwerke geschaffen oder andere verschönt haben, aber dass ein Bär dazu verwendet wurde, habe ich noch nie gehört. Auf dem Umschlag eines Buchs mit Presseausschnitten hat er einen prächtigen schwarzen Pfotenabdruck hinterlassen, der sich zum Glück leicht abwischen lässt. Pussy Cat werde ich wohl nie wieder zu Gesicht bekommen, denn ich habe überall nach ihr gesucht. Nachdem ich alle Türen zweimal überprüft habe und zu Bett gehen will, höre ich ein leises Miauen, und ein völlig verängstigtes Tierchen springt auf meinen Schlafsack. Wo sie sich zu guter Letzt versteckt hat, kann ich mir wirklich nicht vorstellen.

Der Bär treibt sich noch mehrere Tage lang herum. Da der Naturschutzbeamte und der Parkranger nicht da sind, können sie die Sache nicht in die Hand nehmen. Eines Nachts um vier versucht der Bär, in die Fischerhütte nebenan einzubrechen und wird erschossen.

Als sich die Katze von ihrer Operation erholt hat, kehren wir heim. Wieder haben die Jahreszeiten sprunghaft gewechselt, und die Zustände auf dem Rückweg sind völlig anders geworden. Der lange kalte Frühling, gefolgt von einer plötzlichen

Hitzewelle, hat den Schnee auf den Bergen schmelzen lassen und die Wasserläufe in Wildbäche verwandelt. Nicht weit vom Anfang des Güterwegs entfernt ist die übliche Auswaschung zu einer tiefen Rinne mit tosendem Wasser geworden, die man mit dem Wagen nicht überqueren kann. Und eineinhalb Kilometer weiter davon hat der Fluss den Weg einen halben Meter tief unter Wasser gesetzt. Ich lasse den Wagen bei der Auswaschung stehen, wo ihn Katie und Dennis später abholen werden, und mit Pussy Cat in den Armen wate ich in die Fluten. Die Katze ist völlig außer sich. Mit frenetischem Gejaule verkrallt sie sich in mein Gesicht und versucht verzweifelt, auf meinen Kopf zu klettern. Mir bleibt nichts anderes übrig, als das sich windende Geschöpf in den Sack zu stecken und festzuhalten. Sie knurrt und jammert bei jedem Schritt durchs Wasser. Wahrscheinlich werde ich im Lauf des Tages noch mehrmals bis über die Knie nass werden, und unser Marsch wird nicht gerade angenehm verlaufen.

Der Wald zwischen den Seen hat sich in einen Mahlstrom wirbelnder Gewässer verwandelt. Ein Teil des Atnarko muss seinen Kurs geändert haben, denn zahlreiche Wasserläufe haben sich an völlig neuen Stellen einen Weg gebahnt. Viele davon sind zu tief und zu reißend, als dass ich sie durchwaten könnte, und so muss ich auf und ab nach Stämmen zum Überqueren der Bäche suchen. Der Hunlen Creek ist ein überwältigender Anblick. Gischtfontänen sprühen über die Felsblöcke und die Baumstämme, auf denen ich den Fluss für gewöhnlich überquere, sind entweder weggespült oder unter den Fluten begraben worden. Zum Glück scheinen etwas weiter flussaufwärts, wo sich ein besonders wilder Sturzbach um mehrere Felsen in zwei Arme teilt, zwei dünne Pfähle eine Möglichkeit zu bieten. Ich lockere den Taillenriemen meines Rucksacks, nehme Pussy Cat in ihrem Sack fest in die Hand und steige auf den Stamm, der den ersten und schlimmsten Teil des Wasserlaufs überspannt. Wenn ich es hier schaffe, ist die andere Seite ein Kinderspiel. Der Stamm – eine kaum mehr als zwanzig Zentimeter dicke, zum Teil vermorschte Tanne – sieht unsicher aus. Andernfalls müsste ich zum Stillwater zurückgehen und den langen Weg über den Touristenpfad zu den Hunlen Falls nehmen. Das wäre an und für sich kein schlimmer Marsch, würde aber zwei Tage beanspruchen und wäre mit der Katze nicht eben angenehm. Der Stamm scheint also doch die beste Lösung zu sein. Wenn ich zu viel überlege, werde ich es nie wagen. Also konzentriere ich mich auf meine Füße und versuche, das Wasser unter mir zu vergessen. Mit zehn schnellen Schritten bin ich auf der anderen Seite. Pussy Cat ist so verängstigt, dass sie keinen Muckser von sich gibt.

Das arme Tier. Denn bevor wir wieder sicher zu Hause sind, ereilt sie ein weiteres Missgeschick. Als ich am oberen Ende des Lonesome Lake aus dem Kanu steige, will auch sie ans Ufer springen. Da ich sie aber noch an der Leine halte, ist die Schnur zu kurz, und sie fällt – *plumps* – ins Wasser. Wird sie mir je verzeihen können?

Ein Sommer in den Bergen

Mit meinem schwer verdienten Geld kann ich mir wieder diverse Dinge kaufen und einfliegen lassen. Meine Kettensäge hat nun ein neues Sägeblatt, und als Erstes schneide ich damit mehrere Bretter für Regale und Tische zurecht. Dann bringe ich in der dunklen Ecke beim Ofen ein zusätzliches Fenster an und säge mehrere acht Meter lange dicke Bretter für die Veranda. Da die Kühe bald auf meine Flussseite zum Weiden kommen, muss ich vorher noch schnell einen kuhsicheren Zaun um meinen Hof errichten. Auch das Problem der unzulänglichen Bodenisolierung ist in Angriff zu nehmen, und so bringe ich mit viel Mühe in dem winzigen Zwischenraum unter den Dielenbrettern kniend eine zweite Lage an. Ich baue mir einen Holzschuppen und einen kleinen Anbau am Haus, in dem ich Werkzeug und Fleisch aufbewahren kann. Die auf der Lichtung verbliebenen Holzklötze und Baumstümpfe zerhacke ich, reche die Holzschnitzel und Sägespäne zusammen und verbrenne sie dann sorgfältig in kleinen Haufen. Die Pflänzchen von Löwenzahn, Lerchensporn, Heckenrosen und die Schösslinge von Birken und Pappeln haben sich inzwischen auf der offenen Fläche angesiedelt. Meine Umgebung sieht jetzt schon viel zivilisierter aus.

Der Garten, den die Turners für mich auf der anderen Flussseite umgegraben haben, befindet sich in einer Mulde und somit unter dem Bewässerungsniveau, was bedeutet, dass er auch sehr frostanfällig ist. Mein Grundstück liegt etwa einen halben Meter höher, wodurch der Boden etwas wärmer ist, durch die Nähe zum Wasser sind auch die Temperaturen etwas milder. Es wäre durchaus logisch, die zarten Pflanzen näher am Haus anzubauen, aber es gibt hier fast überhaupt keine Erde. Der felsige Boden besteht zur Gänze aus grobem Granitkies, vermischt mit etwas dunklem Staub. Als die Turners ihr Grundstück urbar machten, streuten sie Grassamen unter die Bäume, um auf diese Weise herauszufinden, welche Stellen ergiebig sein würden. Sie überließen mir das Stück Land, auf dem mein Haus steht, weil es sich als unproduktiv erwiesen hatte. Fruchtbarer Boden ist hier so selten, dass man ihn auf keinen Fall für andere Zwecke verwenden darf. Ich werde mir meine Erde also von anderswo holen müssen.

Bei Hochwasser überschwemmt der Fluss alljährlich einen Teil der kleinen Insel vor meinem Haus und spült dabei Schwemmland in die Hohlräume zwischen Felsen und Wurzeln. Ich packe dieses angeschwemmte Erdreich kübelweise in meinen Rucksack und schleppe es dann über den großen Baumstamm, der die Insel mit dem Ufer verbindet. Dort wartet ein Schubkarren, mit dem ich die Erdladungen das restliche Stück Weg transportiere. Dann baue ich mit Stämmen viereckige Beete, die ich mit dem Erdreich auffülle. Bei den Turners sind Kompost oder Stallmist unentbehrlich, aber wenn die Pferde daheim sind, weiden sie oft außerhalb des Grenzzauns.

Ich sammle ihren Mist und auch den Dung von Bären ein und bringe sie heim. Die Tomaten pflanze ich neben der Veranda, und die Feuerbohnen sollen an der südlichen Hausseite hinaufklettern. Den Bohnen wird die warme, geschützte Stelle gut tun, und ich kann dann am Ende des Sommers, wenn die Sonne recht heiß ist, im Schatten ihrer Ranken sitzen. Mir ist aufgefallen, dass man in warmen Ländern offene Terrassen oft mit einer Weinlaube überdacht, und ich werde eben eine Bohnenlaube haben.

Das Erdreich ist so strukturlos, dass es fast keine Flüssigkeit zurückbehält. Den ganzen trockenen Sommer lang hole ich täglich unzählige Eimer Wasser über die Leiter vom Fluss herauf und gieße damit meine Pflanzen. Die Tomaten gedeihen prächtig, und die Bohnen sind mit roten Blüten übersät, aber sosehr sich auch die Bienen und Kolibris um die Ranken drängen und den gewundenen Stempel der Blüten auf der Suche nach dem Nektar beiseite schieben, Bohnen bilden sich fast keine. Vor Einbruch des ersten Frostes ernte ich ganze acht Stück.

Ich finde nun aber endlich die Zeit, in die Berge zu gehen. Von der Hütte aus sind drei sichtbar. Der Walker's Dome auf der anderen Flussseite beherrscht das Panorama. Ihm gegenüber steht Mount Ada. Der Sage nach soll Ada Walkers Frau gewesen sein. Nur sein Gipfel lugt über der östlichen Talwand hervor, den ich von meinem Haus aus aber gar nicht sehen kann. Der Trumpeter Mountain erhebt sich über der Lagune am oberen Ende des Lonesome Lake. Er wirkt eher unscheinbar, denn er ist kaum höher als die Talwände, aber er reicht doch über die Baumgrenze hinaus, und die Turners haben mir erzählt, dass der Ausblick vom Gipfel großartig ist. Ich werde ihn als Erstes in Angriff nehmen.

Hinter dem Edward'schen Grundstück, wo Trudy aufgewachsen ist, führt ein holpriger Pfad den Berg hinauf. Er ist schon seit Jahren nicht mehr benutzt worden und mit windbrüchigem Astwerk und Gestrüpp übersät. Ich folge den alten Markierungen und beginne den Aufstieg. Für mich ist es immer aufregend, wenn das Land unter mir immer kleiner wird. Wenn ich dann durch Lücken im Wald sehe, wie sich der Horizont erweitert, schmerzen plötzlich meine Beine nicht mehr, und auch die verschwitzte Kleidung, die der kühle Wind auf meinem erhitzten Körper kalt werden lässt, stört mich nicht. Auf halber Strecke führt der Pfad an einer Klippe vorbei, die im Volksmund als de Gaulles Nase bezeichnet wird. Unter mir im Tal liegen noch Schatten, aber hier oben scheint bereits die Sonne. Das Turner'sche Anwesen, das gute dreihundert Meter unter mir liegt, sieht überraschend klein und in der kühlen Morgenluft wie eine Spielzeugfarm aus. Blauer Rauch steigt aus dem Schornstein in den Himmel. Jack macht sicher gerade das Frühstück, und Trudy geht wahrscheinlich durchs taufrische Gras an der winzigen Scheune vorbei zum Melken. Das kleine Stück urbar gemachten Landes verschwindet fast völlig im dunklen Meer der Bäume, und der Walker's Dome dahinter ist jetzt nur noch einer unter vielen Gipfeln.

Ganz oben auf der Klippe finde ich zwischen den Felsen ein abgeworfenes Hirschgeweih. Mäuse haben die gebleichten Enden angenagt, und auf einer Seite ist eine Stelle mit grünem

Schimmel überzogen. Geweihe sind schon seltsame Gebilde. Sie fühlen sich wie Elfenbein an und riechen nach verbrannten Knochen. Und wie viel Energie wird doch für ihre ständige Erneuerung aufgewandt.

Danach führt der Weg eine Weile wieder durch dichtes Gehölz. Der Pfad ist steil und will anscheinend gar kein Ende nehmen. Nach jeder Anhöhe erhebt sich schon wieder die nächste, und der Aufstieg ist wesentlich länger, als es von unten den Anschein gehabt hatte. Doch dann kommt nach der nächsten Anhöhe plötzlich nichts mehr, und ich stehe auf dem Gipfel.

Ich kann achtzig Kilometer in alle Richtungen sehen. Nach Norden hin sind die runden Vulkankuppen der Rainbow Mountains in rosa Licht getaucht, und ganz in der Nähe erkenne ich auch gleich den Mount Stupendous, der sich hinter Stuie erhebt, am typischen Schneefeld auf seinem Gipfel. Weiter westlich zieht sich die Seenkette des Hunlen Creek in einem Bogen durch die Hochebene, und ich kann die Route durch die Berge verfolgen, die mein Freund aus Europa und ich vor zwei Sommern gewandert sind.

Eineinhalb Kilometer unter mir liegt der Lonesome Lake. Sein dunkles Gewässer ist vom Wind aufgewühlt. An einem Ende kann ich wie winzige Punkte die Gebäude des Edward'schen Grundstücks ausmachen. Das Turner'sche Anwesen flussaufwärts ist in seinen Einzelheiten mit bloßem Auge nicht mehr wahrnehmbar. Wenn ich das Tal hinaufschaue, das sich wie ein tiefer Riss durch die Landschaft zieht, sehe ich vier größere Wasserflächen. Es sind der Tenas Lake, der Rainbow Lake, der Elbow Lake und schließlich, hinter dem lang gezogenen

Hochmoor, das die Sommerweide der Pferde ist, noch einen Teil des milchig grünen Knot Lake in fünfzig Kilometer Entfernung. Im Süden ragt der Mount Ada empor, und hinter mir liegt der offizielle Gipfel des Trumpeter Mountain, ein kleiner Buckel, der sich aus einem vom Wind zerzausten und mit Schneeschneisen durchzogenen, gelbbraunen Wiesenkranz erhebt.

Es ist nun bitter kalt. Die kühle Brise, die die Junihitze im Tal erträglich macht, geht hier bis an die Knochen, und die Schneereste sind hart wie Eisen. Ich bin hier oben auf derselben Höhe wie die Wolken, die in Schwaden um mich wallen. Sie behindern meine Sicht, so dass ich manchmal kaum die Hand vor Augen sehen kann, und trockene Hagelkörner trommeln aus dem feuchten Nichts auf meine Jacke. Ganz plötzlich reißen die Schwaden aber wieder auseinander und jagen ihren Schatten über dem Gras nach. Dann geben sie stellenweise den Blick auf die Sonne frei, die durch tiefblaue Löcher im Himmel blitzt.

Ein Stückchen weiter unten ist der Wind nicht mehr so schneidend. Dort spritzt und gurgelt das Schneewasser durch Wiesen, die mit Sumpfdotterblumen und blassen Trollblumen übersät sind. In einem Monat werden die jetzt noch recht einfarbigen und sumpfigen Matten mit den roten Blüten des Indian Paintbrush, blauen Lupinen und gelben und purpurroten Zwergmargariten in voller Farbenpracht erstehen.

Leider kann ich mich nicht länger als ein oder zwei Stunden in dieser arktischen Welt aufhalten. Es ist schade, nach dem langen Aufstieg so schnell wieder durch den Wald ins Tal hinunterzumüssen, aber mein durstiger Garten will noch vor Einbruch der Nacht gegossen werden.

193

Ich bin die Sklavin meines Gemüses und muss als solche viele meiner Ausflüge kürzen. Aber eine Wanderung auf den Mount Ada, der als dritter Wächter über unserem Anwesen thront, lasse ich mir nicht entgehen. Ich kann allerdings nur eine Nacht lang wegbleiben.

Es gibt keinen markierten Pfad auf den Berg, und der Aufstieg ist an manchen Stellen recht steil. Trotzdem ist es nicht schwierig, an einem Tag die Baumgrenze zu erreichen, dort ein Nachtlager aufzuschlagen, und am nächsten Morgen den Rest des Zweieinhalbtausenders zu bezwingen. Der Blick auf den Gipfel wird mir von einem ausgezackten, messerscharfen Felsgrat versperrt, aber ich bin schon fast am Ziel. Von meinem Sitz aus wandert mein Blick nach Süden auf ein Stück Landschaft, das ich selbst vom Walker's Dome aus noch nicht gesehen hatte. Der Ausblick ist atemberaubend. Reihe um Reihe eisiger Wände erstrecken sich vor mir in die blaue Ferne. Überragt werden sie vom viertausend Meter hohen Mount Waddington, dessen zerklüfteter Gipfel aus einer Eiskrause mit felsigen Fingern zum Himmel weist. Wenn der Berg nicht im Weg wäre, könnte mein Blick sicher bis Vancouver wandern.

Zwischen meinem Haus und Stuie gibt es eine viertägige Wanderung, die an den Hunlen Falls vorbei und dann kilometerweit durch blumige Matten bis hinauf zum Cariboo Mountain führt. Von dort sind die zwei Bäche zu sehen, die sich durch das Bella Coola Valley schlängeln – ebenso die wunden Stellen in der Landschaft, die die Kahlschläge bei Stuie zurückgelassen haben.

Vom Cariboo Mountain bietet sich ein herrlicher Blick auf den Sonnenuntergang im Pazifik. Während meiner sorglosen Zeit, als ich noch kein Haus und keinen Garten hatte, und viel leichter meiner Passion für die Berge frönen konnte, hatte ich einmal ein paar Tage lang dort oben ohne Zelt kampiert. Ich saß in den Wolken fest und versuchte mich mit wenig Erfolg unter einem Felsen vor der Nässe zu schützen. Am Ende des zweiten Nachmittags verwandelte sich mein jämmerlicher Unterschlupf dann aber plötzlich in einen magischen Horst am Rand einer verzauberten Welt. Der Nebel war bis an die Baumgrenze an die hundert Meter unter mir abgeglitten. Wie ein wogendes Meer hob und senkte sich die Nebeldecke immer wieder und hüllte mich von Zeit zu Zeit erneut ein. Hin und wieder kam es in der bewegten Masse zu langsamen, geräuschlosen Explosionen, die im Nichts endeten. Die untergehende Sonne durchflutete die brodelnde Masse mit ihrem rosa Schein, und später warf ein knöchern weißer Vollmond sein blasses Licht auf die stille quecksilbrige See.

Am Morgen war der Nebel verschwunden. Die Berggipfel, die vom Land abgeschnitten so unheimlich hoch über den Wolken geschwebt waren, hatten nun wieder im Tal Fuß gefasst und ihr Alltagsgesicht zurückbekommen.

Schon neigt sich der kurze Sommer dem Ende zu, und die purpurnen Astern an den Zäunen weisen darauf hin, dass es an der Zeit ist, die Ernte aus dem Garten einzumachen. Bald stehen Einmachgläser mit runden grünen Erbsen und dicken gelben Wachsbohnen neben den verstaubten Gläsern mit dem Fleisch, das ich im Frühling eingemacht hatte. Auch Beeren sind zu ernten. Die roten Johannisbeeren liefern einen vorzüglichen Saft, und die kleinen wilden purpurroten Stachelbeeren eignen sich mit ihrem herben Geschmack vorzüglich für Marmelade und Pies. Und was bedeutet schon ein wenig Blutvergießen, wenn man sich erst einmal durch den stacheligen Panzer zu den Beeren durchgekämpft hat.

Es war wieder ein sehr trockener Sommer. An einem schwülen Augusttag fahre ich mit dem Kanu den See hinab und wandere dann den Hunlen Creek entlang auf den Cañon zu, um dort vom Boden aus an den Fuß des Wasserfalls zu gelangen. In den Rinnen, über die mein Weg führt, läuft kein Wasser, als ich aber über die glänzenden Granitblöcke klettere, sprüht es mir schon über die weiß gefleckten Steine entgegen. Und eine Stunde später umfängt mich die düstere Pracht des Cañons. Das Wasser im Wildbach ist zwar nicht hoch, aber mit jedem Schritt nimmt sein tosendes Rauschen zu. Trunken windet sich der Bach zwischen fantastischen Gesteinsanhäufungen und zersplitterten Baumstämmen durch, die sich in unglaublichen Formationen angesammelt haben, und lässt dabei seine Stimme durch sein finsteres Gefängnis dröhnen. Bald ist der Bach zu wild, als dass man ihn überqueren könnte, und so taste ich mich vorsichtig die Nordwand entlang, ohne dabei die riesigen überhängenden Felsen zu vergessen, die aussehen, als ob sie bei der geringsten Berührung auf meinem Kopf landen könnten.

Der Wasserfall versteckt sich bis zuletzt hinter einer hohen Felsbarriere. Aber schon lange bevor ich ihn erreiche, tanzen gischtige Schwaden, vom eigenen Sturm getrieben, durch die

Luft auf mich zu. Es ist eine brausende, nasse und kalte Welt. Der Himmel liegt weit über mir, ein ausgezackter blauer Streifen zwischen den hoch aufragenden schwarzen Wänden des Cañons. Ich gehe um eine glänzend schwarze Felszinne herum und komme nicht mehr weiter. Vor mir ergießt sich der Wasserfall in ein tiefes Loch. Sein Sprühregen macht mich blind und raubt mir den Atem. Ich versuche, auf die Felszinne hinaufzuklettern, um einen besseren Ausblick zu bekommen, aber auf dem nassen Gestein verlässt mich der Mut. An einer Stelle im Schlamm entdecke ich die frischen Spuren einer Ziege und in den Felsspalten winzige Pflänzchen, die im ewigen Nass und Schatten ihr Leben fristen. Und dann finde ich die größten und köstlichsten wilden Erdbeeren, die ich je gesehen habe, und die hier zwei Monate später als in der Außenwelt reif werden.

Das tosende Wasser treibt mich zurück in ein felsiges Märchenreich, das J. R. Tolkien erdacht haben könnte. Wie das Wasser hüpfe ich von einem Felsblock zum nächsten durch das düstere Nass und folge dem Bach, der schließlich aus dem Cañon hervorbricht, an Wildheit verliert und sich ausdehnt, bis er langsam eins wird mit der schimmernden, sonnenbestrahlten Stille des Sees.

Die Kunstausstellung

Der Winter begann in diesem Jahr schon früh. Mitte November ging die Temperatur auf minus dreißig Grad zurück, und es herrschte etwa zehn Tage lang eisige Kälte. Meine zusätzliche Bodenisolierung hat die Zustände im Haus ein wenig verbessert, sie reicht aber noch immer nicht aus. Da mit der Kälte kein Schnee kam, ist der ungeschützte Boden tief zugefroren. Als die Turners die arme alte Lucky, die krank wurde und starb, begraben wollten, war der Boden einen halben Meter tief hart wie Eisen. Pflanzen mit flachen Wurzeln werden da kaum den Winter überdauern.

Für mich lohnt es sich nicht mehr, Hühner zu halten. Wenn ich im Sommer weg bin, kann ich leicht genügend Futter und Wasser für sie zurücklassen, aber bei strenger Kälte brauchen sie zwei- oder dreimal am Tag frisches Wasser. Da ich bei meinen Ausflügen in die Stadt aber immer mehrere Tage lang weg bin, wären sie eine zu große Belastung für meine Nachbarn. Als die Hühner aufhören zu legen, entschuldige ich mich bei ihnen und drehe ihnen den Kragen um. Ich werde mit der Flugbasis in Nimpo vereinbaren, dass sie mir mit dem Futter für die Schwäne regelmäßig Eier schicken.

Um die Pferde im Spätherbst von ihrer Sommerweide zu holen, muss man einmal übernachten. Für gewöhnlich machen das die Turners gemeinsam, und ich bleibe bei den Kühen zurück. Diesmal hat Jack aber schlimme Rückenschmerzen und bleibt zu Hause, während ich mit Trudy losziehe. Wir würden es gerne vermeiden, bei minus dreißig Grad im Freien kampieren zu müssen, aber ein plötzlicher Wärmeeinbruch könnte Regen bringen, und die Pferde würden über die vereisten Felspfade unmöglich zurückkommen. Sie den ganzen Winter über auf dem Hochmoor zu lassen, steht aber außer Frage, denn sie würden verhungern oder versuchen, selbst nach Hause zu kommen und auf dem Eis verunglücken. Als die Temperatur auf fünf Grad angestiegen ist und im Radio Regen für die Küste angekündigt wird (wir hinken beim Wetter für gewöhnlich vierundzwanzig Stunden hinter Vancouver her), machen wir uns schnell auf den Weg. Eine dünne Lage Pulverschnee hat das Eis auf dem Tenas Lake begehbar gemacht, und die Marschbedingungen sind ausgezeichnet. Nach dem See führt der Weg erneut durch den Wald und kommt dann am weit längeren Rainbow Lake wieder heraus. Ich bin auf meinen Wanderungen bisher noch nie so weit vorgedrungen, und es ist wie immer recht aufregend, den Fuß auf unerforschtes Terrain zu setzen, wo mich um jede Biegung Neues erwartet und sich die Meilen vor mir nur langsam entwirren. Wir haben den Wind im Rücken, der noch immer von Norden bläst und den Pulverschnee in kleinen Schwärmen mit leisem Summen übers Eis treibt.

Wir legen unsere Sachen an einer Stelle ab, wo wir die Nacht verbringen werden, und gehen dann zum Elbow Lake weiter.

Wir können dem tiefen, gewundenen See so früh im Winter noch nicht trauen und halten uns daher trotz der bitteren Kälte an den Pfad. Am oberen Ende des Sees liegt die windgepeitschte, mit orangefarbenem Borstgras und verkümmerten Weiden bewachsene Ebene, auf der die Pferde einen großen Teil des Jahres verbringen. Wir bahnen uns durch die froststarre Pflanzendecke einen Weg, und es dauert eine Weile, bis wir die Pferdeglocken hören und die Pferde entdecken. Da ist der schwarze stämmige Star, die dicke goldene Nugget mit ihren zwei Fohlen, die unscheinbare Bess mit ihren wenig attraktiven schwarzen Flecken und Tempest, eine Falbin, die ihrem Namen »Sturm« alle Ehre macht. Sie freuen sich, dass wir gekommen sind, und reiben ihre Nüstern an unseren Taschen auf der Suche nach Leckerbissen.

Wir führen die Pferde zu unserem Nachtlager und lassen sie dort auf einer kleinen Wiese frei herumlaufen. Dann legen wir unsere Schlafsäcke auf dem Pfad zurecht, was wegen der Bärenspuren keine besonders gute Idee zu sein scheint, aber es ist die einzige flache Stelle im Umkreis, auf die man sich legen kann. Der Tag neigt sich dem Ende zu, und wir machen uns mit Tannenrinde ein kräftiges kleines Feuer. Es bildet einen starken Kontrast zur undurchdringlichen Dunkelheit, die uns umgibt und die den Eindruck erweckt, als würde sie uns auf den Kopf fallen, wenn sie von den Bäumen um uns herum nicht hochgehalten würde. Als das Feuer erlischt, wird die Finsternis wieder durchsichtiger. Die Glut der verglimmenden Rinde wärmt uns, während der Schnee in großen trockenen Flocken unbehindert auf unsere Kleidung fällt.

Im Tal ist die Luft noch immer kalt, aber den ganzen Tag schon braust ein stürmischer Südwind über die Baumwipfel hinweg. Über Nacht hat er die arktische Luft vertrieben, und die Temperatur ist um etliche Grade über den Gefrierpunkt angestiegen. Es regnet zwar noch nicht, aber die Wärme hat bereits den Schnee von den Seen geleckt, und auf den jadegrünen Eisdecken schwappt das Wasser. Bäume und Felsen sind noch viel kälter als die Luft und mit Raureif überzogen. Das Eis auf den Seen ist für die Pferde viel zu rutschig, und so halten wir uns an den Pfad. In den Felswänden sind die Rinnsale, die stellenweise hervorquellen, zugefroren. Dieser Vorgang wiederholt sich so oft, dass sich schließlich über die Hänge mehrere hundert Meter lange Eiskaskaden ergießen, um die wir die Pferde vorsichtig herumlotsen müssen. Aber zu Mittag stehen sie schließlich zufrieden kauend in ihrem Stall, wo sie so lange bleiben, bis die Pfade im Frühling wieder eisfrei sind.

Ich war noch nie so pleite. Das vergangene Jahr war finanziell schwierig. Kaum hatte ich ein wenig Geld, musste ich damit schon wieder die dringendsten Schulden abzahlen. Die Turners halfen mir zwar und liehen mir Baumaterial, das sie übrig hatten, und auch Katie und Dennis unterstützen mich mit Lebensmitteln und sogar mit Kleidung. Früher hatte ich nie Schulden, nicht einmal mit meiner Kreditkarte, und meine jetzigen machen zwar auch nur ein paar Dollar aus, aber ich werde sie einfach nicht los. Das macht mir ständig Sorgen. Um der Situation abzuhelfen, beschließe ich, in Salmon Arm meine Bilder auszustellen. Salmon Arm liegt von allen Städten, in denen ich gelebt habe, bevor ich zum Lonesome Lake kam, am nächsten. Und jetzt, da mir mehr Zeit zur Verfügung steht, habe ich wieder mit dem Malen begonnen.

In den vergangenen zwei Jahren hat die Malerei eine völlig neue Bedeutung für mich gewonnen. Meine frühen Bilder waren Landschaftsstudien in Acrylfarben mit der unvermeidlichen Quote an alten Scheunen und historischen Gebäuden. Lange bevor ich nach Kanada kam, hatte ich diese Bilder schon in Neuseeland verkauft. Das Malen fiel mir leicht, aber irgendwie stellte es mich nie so recht zufrieden. Mir schien, die Leute kauften die Bilder nur wegen ihrer Motive, und die künstlerische Fertigkeit und Ausdruckskraft, mit der sie gemalt wurden, waren völlig gleichgültig.

Während meines ersten Winters in Stuie bekam ich ein Buch über einen in Kanada gut bekannten Künstler geschenkt, von dem ich in meiner Unwissenheit aber noch nie etwas gehört hatte. Toni Onleys Aquarelle waren für mich eine Offenbarung. Obwohl die blaugrauen und graugrünen Berge und Meeresansichten der Westküste als solche erkennbar sind, geht es in seinen Bildern nicht um die Landschaft, sondern um die Farben. Die Art, wie diese ineinander laufen, sich verwischen, die scharfen und weichen Ränder, die glatten und rauen Strukturen und die Beziehungen zwischen diesen Faktoren machen seine Bilder zu Kunstwerken. Ich verstand plötzlich den Sinn einer Komposition. Es war doch ganz einfach. Ich brauchte nur meine Acrylfarben gegen Wasserfarben einzutauschen und wie Toni Onley zu malen, und schon war ich eine gemachte Künstlerin.

Natürlich fielen meine ersten Versuche katastrophal aus, denn nur technisches Können und Erfahrung lassen Bilder so aussehen, als ob sie völlig mühelos gemalt worden wären. Bis zum Ende des Winters hatte ich aber schon viel mit verschiedenen Pinseln und Papieren experimentiert und auch gelernt, wie die Minerale in den verschiedenen Farben aufeinander einwirken. Ich hatte den Eindruck, dass ich dabei recht gute Fortschritte gemacht hatte. Im darauf folgenden Sommer war ich so beschäftigt, dass ich keine Zeit zum Malen hatte und damit bis zum nächsten Winter warten musste. Doch dann gelang mir etwas, was mir wirklich gefiel. Ich habe noch immer einen langen Weg vor mir, aber ich schaffe jetzt endlich Arbeiten, die mich wirklich anregen. Anstelle meiner Bilder in leuchtenden Acrylfarben, für die ich früher bekannt war, male ich nun abstrakte Kompositionen in blassen Grautönen von den Bergen und Wolken, die ich stets um mich herum sehe.

Ausstellungen sind immer ein Glücksspiel, denn man weiß nie, wie sie ausgehen. Ein Pluspunkt des Ganzen liegt darin, dass man mich in Salmon Arm gut kennt. Obwohl ich schon seit drei Jahren nicht mehr dort war, habe ich noch immer viele Freunde in der Stadt, und außerdem kennen mich die Leute von meinen Beiträgen in den Lokalblättern und im CBC-Radiosender. Salmon Arm hat einen rührigen und gönnerhaften Kunstbeirat, der sich neben meinen Freunden bei der Werbung für meine Ausstellung aktiv engagiert. Andererseits ist viel von einer Rezession die Rede, und die Fans meiner Bilder mögen Landschaften und alte Scheunen. Wie werden sie da wohl meine neuen Werke aufnehmen?

Ich will die elfhundert Kilometer mit dem Auto zurücklegen, denn ich habe eine Menge Zeug zu transportieren. Dazu muss ich mich aber erneut in Schulden stürzen. Diesmal sind es ganze dreihundert Dollar für das Benzin und die Versicherung. Mein alter Kombi ist in einem bedauernswerten Zustand. Öl läuft in Mengen aus, und der Auspuff funktioniert nicht mehr. Um meinen Verstand und mein Gehör zu schützen, muss ich beim Fahren Ohrenschützer tragen.

Es ist ein herrlicher Tag, als ich den Hill hinauffahre. Seit meiner ersten Fahrt auf dem Highway ist die Straße erweitert worden, aber es erfordert noch immer eine Menge Mut, ganz nahe an den eisigen exponierten Rand heranzufahren, um einem entgegenkommenden Fahrzeug auszuweichen. Der gesamte Verkehr, der aus dem Tal oder ins Tal kommt, spielt sich über den Hill ab, denn der Fährdienst entlang der Küste ist schon seit langem eingestellt worden, und die kleinen Maschinen, die vom Flughafen aus unterwegs sind, haben nur wenig Platz für Fracht. Trotz ihrer Gräuel wird die Passstraße bei jedem Wetter von riesigen Forstfahrzeugen, Benzintankern und Container-Lkws befahren. Der Bus verkehrt zweimal die Woche ins Landesinnere, das Postauto dreimal, und wenn die Leute in der Stadt ihre Milch und Eier nicht zwischen Donnerstag und Samstag kaufen, müssen sie möglicherweise eine Woche lang ohne diese Lebensmittel auskommen. Einmal hatte ein Erdrutsch die Straße zehn Tage lang blockiert. Meistens sind derartige Störungen aber schon nach ein paar Stunden wieder beseitigt, denn die Straßenwärter leisten vorzügliche Arbeit. Ein paar Leute sind schon von der Straße abgestürzt, aber bisher ist dabei noch niemand ernsthaft verletzt worden.

Vom Heckman Pass auf dem Hill führt die Straße in sanften Schwüngen durch das Chilcotin-Gebiet und dann die restlichen vierhundert Kilometer bis Williams Lake, wo sie an das Highway-Netz in andere Teile der Provinz anschließt. Die dürftigen Drehkiefernbestände auf den umgebenden Hügeln sind die Folge eines Versuchs, das gesamte Chilcotin durch Verbrennen der Wälder in Weideland zu verwandeln. Wegen der geringen Feuchtigkeit konnte sich das Gras aber nicht etablieren. Kiefern sind die ersten Bäume, die sich nach einem Brand wieder ansiedeln. Da die meisten davon aber gleichzeitig heranwuchsen, fielen ganze Areale dem Borkenkäfer zum Opfer, und die abgestorbenen Bäume stellen in manchen Gebieten eine große Feuergefahr dar.

Ich liebe dieses hohe, weite und kalte Land mit seinen einsamen, in alle Richtungen verstreuten Ranches. Selbst wenn die Leute hier achtzig, hundert oder hundertsechzig Kilometer voneinander entfernt sind, gelten sie immer noch als meine Nachbarn; viele von ihnen kenne ich gar nicht persönlich, aber wir hören so viel voneinander, dass wir uns nie fremd sein können.

Ich übernachte auf einer Ranch, und als ich am nächsten Morgen, nach einer Tasse des angeblich stärksten Kaffees im ganzen Chilcotin, bei herrlichem Sonnenschein und strahlendem Schnee durch die Weihnachtskartenlandschaft fahre, singt mir das Herz in der Brust. Weil ich aber meine Ohrenschützer trage, höre ich nicht das typische Tickgeräusch, das anzeigt, dass dem Motor Öl fehlt. Dass etwas nicht stimmt, merke ich erst, als der Wagen zu schlingern beginnt und schnell an Geschwindigkeit verliert. Langsam krieche ich vorwärts und schaffe schließlich noch, umgeben von einer blauen Rauchwolke, den letzten Hügel nach Williams Lake hinunter. Mein Wagen braucht einen neuen Motor, und die Reparatur wird zwölfhundert Dollar kosten. Ich bin am Boden zerstört.

Freunde in Williams Lake verfrachten mich und meine ganzen Utensilien in den Bus. Als wir Meile um Meile durch die Nacht rollen, sitze ich hellwach da und mache mir Sorgen um meine Zukunft. Meine Schulden sind ins Unendliche angewachsen, und ich frage mich, wie ich damit fertig werde. Wird mein Wagen je wieder fahren? Vielleicht werde ich mir irgendwo Arbeit suchen müssen, aber wo? Im Tal sind die Jobs rar, und in der Stadt würde ich wahnsinnig werden. Hier, in dieser fremden Umgebung, stürzen Ereignisse über mich herein, die ich nicht beeinflussen kann. Ich habe das Gefühl, dass ich vor einen Abgrund gedrängt werde, von dem es kein Zurück mehr gibt. Ich kann mich nur treiben lassen und auf mein Schicksal vertrauen.

Erst wenn ich in der Stadt bin, wird mir bewusst, wie die meisten Menschen leben. Als Erstes reagiere ich dann immer auf die Geschwindigkeit und die Gerüche, vor allem Auspuffgase und Zigaretten, und der Lärm überwältigt mich. Um mich braust das Summen der elektrifizierten Häuser und das Dröhnen der Heizkessel. Aus Fernsehern und Radios fluten Geschwätz und Jingles in verwirrender Folge, die sich alle an Lärm und Sensationsgier überbieten. Dabei ist es traurig, dass die meisten Leute von allem so abgestumpft sind, dass sie es gar nicht mehr hören.

Künstliches Licht wird von künstlichen Flächen grell reflektiert. Mir erscheint alles so oberflächlich. Als Kind sah ich oft meinem Vater zu, wie er einen Tisch zuerst beizte und dann auf Hochglanz polierte. Nach tagelanger Arbeit saß der Glanz so tief, dass es mir vorkam, als könnte ich hineintauchen. Möbel aus der Fabrik sind da ganz anders. Bei denen werden Beize und Politur in einem Arbeitsgang aufgesprüht, genau wie die dünne Tünche auf unserer Gesellschaft, und ein Kratzer zeigt gleich das billige und minderwertige Material darunter.

Die Leute sagen, dass ich abgeschieden lebe. Doch wenn Gebäude und Fahrzeuge so eingerichtet sind, dass es möglich ist, sein Leben lang den Fuß nicht mehr vor die Türe setzen zu müssen, dann sind es die Leute darin, die abgeschieden leben, denn sie sind es, die keinen Kontakt zur Außenwelt haben. Sie müssen sich nicht länger um ihre Wärme, ihre Nahrung, ihr Obdach und ihre Unterhaltung kümmern. Sie sind es, die sich gegen die Wirklichkeit verbarrikadiert haben.

Meine Ausstellung soll am Freitagabend eröffnet werden, und ich werde immer nervöser, als wir ihr den letzten Schliff geben. Um halb acht machen wir die Türe auf. Draußen wartet schon eine Gruppe von Leuten. Es ist wunderbar, so viele alte Freunde zu sehen. Am Abend und auch während der nachfolgenden beiden Tage reißt der Besucherstrom nicht ab, und die positiven Reaktionen auf meine Bilder sind für mich äußerst befriedigend. Die Leute rufen begeisterte Kommentare, bleiben stehen und kommen dann mit ihren Freunden wieder. Aber das Beste ist, dass sie auch ihre Scheckbücher mitbringen. Das Geld strömt nur so herein. Ich werde damit gleich meine Schulden und die Reparatur für meinen Wagen bezahlen, dann brauche ich dringend Lebensmittel, Malartikel und Winterkleidung. Es wird nichts übrig bleiben, aber ich brauche mir wenigstens die nächsten paar Monate keine Sorgen mehr zu machen. Es ist doch erstaunlich, wie das Geld immer dann auftaucht, wenn Not am Mann ist. Die Ausstellung wird zu einem beispiellosen Erfolg.

Jemand nimmt mich mit nach Williams Lake, aber es wird noch mehrere Tage dauern, bis mein Wagen repariert ist. Und so fahre ich mit dem Lokalbus, der zweimal die Woche verkehrt, zurück nach Stuie. Das ist kein schicker Greyhound, sondern ein alter grüner adaptierter Schulbus, der mit seiner von

Steinen zerkratzten Windschutzscheibe aber viel mehr ist als nur ein Fahrzeug. Er ist eine Institution, eine Lebensader für die verstreuten Siedlungen im Chilcotin. Nur wenige Fahrgäste benutzen ihn, und der ganze rückwärtige Teil des Fahrzeugs ist für Fracht abgetrennt. Der Fahrer besitzt den Bus schon seit dreizehn Jahren und kennt alle Leute auf seiner Route.

Auf dem Chilcotin ist es kalt, mit Temperaturen bis zu minus dreizehn Grad. Am Nimpo Lake, zwei Stunden vor Stuie, gibt der Drehstromgenerator im Bus seinen Geist auf, und es ist kein Strom mehr für die Heizung da. Es hätte keinen Sinn, hier die Fahrt zu unterbrechen, denn es gibt kein Ersatzfahrzeug, und die Leute im Bus sind ja alle warm angezogen und nehmen das Ungemach gern hin.

Als meine Sachen im eisigen Dunkel am Straßenrand abgesetzt werden und mir die Passagiere aus dem finsteren lichtlosen Bus ein freundliches »Goodbye« zurufen, habe ich das Gefühl, dass meine Heimkehr ins Tal trotz allem glorreich ist. Zwei Wochen lang bin ich königlich behandelt und gelobt, mit den besten Speisen verwöhnt und überall im Auto herumchauffiert worden. Aber meine Haut, die ich für die Außenwelt übergezogen habe, fällt bereits ab, und in Gedanken sehe ich schon die goldenen Holzwände, den ruhigen Schein der Lampe, die im Frost erstarrten Wälder und den glänzenden, von keinen Stadtlichtern getrübten Nachthimmel vor mir und freue mich auf mein Zuhause.

Der Winter der Wölfe

Mit dem November war der Winter auch schon vorüber. Der Januar war so mild, dass die Temperaturen nie unter den Gefrierpunkt fielen und wir das geschlachtete Fleisch von Weihnachten innerhalb von drei Wochen einmachen mussten. Mir wird dieser Winter für immer als der Winter der Wölfe in Erinnerung bleiben.

An einem Morgen im Dezember höre ich, wie der Hund bellt. Die Bären haben bei dem milden Wetter erst spät ihren Winterschlaf begonnen, und hin und wieder kommt noch ein verspäteter Grizzly den Fluss herauf. Seine Pfotenabdrücke zeichnen sich im Schnee so deutlich ab, dass man selbst die kleinsten Hautfältchen auf der Unterseite der Pfoten erkennen kann. Ich schaue zum Fenster hinaus und hoffe, den Bären zu Gesicht zu bekommen. Der dunkle Umriss, den ich am Rand der Lichtung, etwa dreißig Meter vom Haus entfernt, erkenne, ist aber nicht der eines Bären, sondern der eines Hundes. Beim näheren Hinsehen merke ich, dass es sich auch nicht um einen Hund, sondern um einen großen schwarzen Wolf handelt. Zwischen den Bäumen sind noch mehrere dieser Tiere zu erkennen, und der ganze Wald scheint mit ihrem flinken Hin und

Her in Bewegung geraten zu sein. Ich zähle zehn Wölfe, aber wahrscheinlich sind es mehr. Die Hälfte davon ist schwarz, und die übrigen haben eine so helle Farbe, dass sie zwischen den mächtigen dunklen Baumstämmen wie gespenstische Schatten wirken. Mit ihren hochgestellten Ohren und wedelnden Schwänzen scheinen sie durchaus freundlich gesinnt und darauf erpicht zu sein, mit dem Hund Freundschaft zu schließen. Der zieht sich aber unters Haus zurück. Womit er auch Recht hat, denn es gibt viele Geschichten von Wölfen, die Hunde in ihr Rudel lockten und dann töteten.

Die Meute zieht sich schließlich in den Wald zurück und beginnt dort zu jaulen und zu heulen, was aus solcher Nähe ein recht ohrenbetäubender Lärm ist. Ich mache den Fehler und laufe mit meiner Kamera schnell vors Haus. Sofort hört das Heulen auf. Der mir nächste Wolf stößt ein tiefes Bellen aus, und das ganze Rudel löst sich auf. Einen Moment lang herrscht wogendes Treiben im Wald, und im nächsten Augenblick ist nichts mehr zu sehen. Plötzlich bemerke ich meine kalten Füße, denn ich hatte in der Aufregung meine Stiefel vergessen und stehe in Socken im Schnee.

Unmittelbar vor Weihnachten sehe ich die Wölfe wieder. Ich habe ein Flugzeug gebucht, mit dem Lebensmittel eingeflogen werden sollen. Zwei Tage vor seiner Ankunft gehe ich zum See hinunter, um zu sehen, ob das Eis dick genug zum Landen ist. Als ich aus dem purpurnen Schatten des Pfads zur sonnenbeschienenen Lagune hinaustrete, läuft der Hund mit gesenkter Nase sofort einer Geruchsspur auf dem See nach. Da höre ich erneut ein tiefes Bellen. Diesmal stehen die Wölfe etliche

Meter entfernt auf dem Berghang und scheinen keineswegs gewillt zu sein, sich davonzumachen.

Es ist etwas ganz anderes, sich diesen Geschöpfen ungeschützt mitten auf einem zugefrorenen See gegenüberzusehen, als sie von der Sicherheit einer Blockhütte aus zu beobachten. Obwohl ich aus Statistiken weiß, dass Wölfe nicht angreifen, kann einem ihr grauenhaftes Heulen und Ächzen durchaus bange machen. Die Wölfe sind aber recht freundlich. Sie winseln, wedeln mit den Schwänzen und halten sich weiterhin im Schutz der Bäume zurück. Langsam ziehen sie schließlich ab, und ich höre ihren Gesang, wie er langsam den Berg hinauf verhallt. Dann sehe ich auch den Grund, weshalb sie nicht sofort das Weite gesucht haben. Mehrere Raben, die krächzend über mir kreisen, stoßen immer wieder zu Boden und flattern dann mit blutigen Fleischfetzen in den Schnäbeln, laut miteinander kabbelnd, zwischen den Zweigen hervor. Ich halte den Hund vom Kadaver zurück und hoffe, dass die Wölfe wieder zu ihrer Beute kommen werden.

Als ich zwei Tage später zum Flugzeug hinuntergehe, ist vom Berghang her nichts zu hören, und ich gehe schließlich den Wolfsspuren durch den Windbruch nach. Vom erbeuteten Reh ist außer ein paar Haaren, dem gärfutterähnlichen Mageninhalt und einem Stück blutgetränkten Schnees nichts mehr übrig.

Im neuen Jahr begegne ich den Wölfen zum dritten Mal. Ich nehme gerade an der alljährlich stattfindenden Vogelzählung des Verbands der Naturschützer teil. Dazu einigen sich die Interessenten der verschiedenen Gemeinden auf einen Tag in der Weihnachtszeit, aber da ich die Arbeit in meinem Gebiet ganz allein mache, kann ich dabei etwas flexibler sein. Ich gehe auf meiner Suche nach Tauchern vom Pfad ab und folge stromaufwärts den verzweigten Flussarmen oberhalb des Anwesens. Nach ein paar Stunden des Herumstöberns an den Ufern komme ich zum Tenas Lake. Seine glatte, sonnenbestrahlte Fläche blendet mich nach den dichten Schatten in den Wäldern, aber ich kann die Wölfe trotzdem deutlich sehen, die etwa eineinhalb Kilometer entfernt auf dem Eis liegen. Es sind wiederum zehn Tiere. Sie werden sofort auf mich aufmerksam. Einige springen auf und laufen auf den nahe liegenden Berghang zu. Drei der Tiere schicken sich an, über den See zu marschieren. Der ist an dieser Stelle etwa eineinhalb Kilometer breit. Die Wölfe bleiben mehrmals stehen und heulen und bellen dabei ungehalten. Es ist eine Art von kehligem Heulen, wie das eines angeketteten Hundes, und nicht der silbrige Gesang, der in den Nächten so weit durch die Stille hallt. Als sie vom Eis herunter sind, hat es den Anschein, als ob sie in meine Richtung kommen würden. Ich halte nach einem Baum Ausschau, denn ich würde gerne hinaufklettern und von oben beobachten, was die Wölfe vorhaben, aber dann müsste ich meinen Hund schutzlos auf dem Boden zurücklassen. Vielleicht ist meine Taucherzählung ja gar nicht so wichtig, überlege ich, und ziehe mich schnell in den Wald zurück. Die Wölfe kommen mir nicht nach. Später sehe ich, dass ihre Spuren aus dem Tal hinausführen.

Mehrere Wochen lang sind sie verschwunden, aber dann höre ich ihren Gesang wieder und stoße auf die Reste mehrerer Beutetiere. Als ich eines Morgens über das Eis des Lonesome Lake marschiere, finde ich ein zum Teil angefressenes Reh. Ein Adler und zwei Raben hacken am blutigen Brustkasten herum, fliegen aber weg, als sich mein Hund anpirscht. Der ist zwar sehr am Kadaver interessiert, aber der frische Wolfsgeruch macht ihm anscheinend Angst, denn er rührt das Fleisch nicht an. Während wir dastehen und schauen, weht ein langer Klagelaut vom Berg zu uns herüber, und als ich ein paar Tage später an die Stelle zurückkomme, ist die Beute verschwunden und die Wölfe mit ihr. Ich sehe sie nie mehr wieder.

Im Lauf des Winters begegne ich oft einer Elchkuh mit ihren beiden Kälbern. Als sie während der Herrschaft der Wölfe nicht mehr auftauchen, befürchte ich das Schlimmste. Aber kurz vor der Schneeschmelze, als sich die Wölfe in kleine Gruppen und Paare zur Betreuung ihrer Jungen aufteilen, sind die Elchkuh und ihre Kälber wieder da und grasen völlig sorglos zwischen den Weiden, während ich sie von meinem Kanu im Fluss, kaum eine Paddellänge von ihnen entfernt, beobachte. Raureif hat sich an ihren Ohren und an den langen Mähnenbüscheln am Nacken festgesetzt. Als der Schnee schmilzt und das Rotwild in Gruppen von den sonnigen Graten herunterkommt, um wie immer an den jungen Trieben zu knabbern, scheint ihre Zahl vollständig zu sein. Mit aufgerichteten Löffeln starren sie mich aus dem Dunkel des rotbraunen Waldes an, oder sie springen wie Pferde bei einem Ringelspiel mit steifen Beinen davon, bis nur noch der weiße Fleck auf ihrem Hinterteil zu sehen ist.

Die längeren Tage bringen auch meine innere Unruhe zurück, die mich aus der Enge des Tales auf den Gipfel des Trumpeter Mountain treibt. Der Walker's Dome erglüht schon im Licht der frühen Morgendämmerung, als ich die Schneeschuhe auf meinen Rucksack schnalle. Ein paar Stunden später stehe ich bereits in strahlendem Sonnenschein auf de Gaulles Nase. Viele gespaltene Hufabdrücke und Spuren im kalten harten Schnee zeigen an, wo das Rotwild Rast gemacht hat. Es ist auch die Stelle, an der ich auf meiner ersten Wanderung das abgeworfene Hirschgeweih gefunden hatte. Etwas höher wird der Schnee plötzlich sehr tief, und ich binde mir die Schneeschuhe an die Stiefel. Der Weg ist steil, und die dreißig Zentimeter dicke Pulverschneedecke rutscht unter meinen Füßen immer wieder recht ungemütlich von der Eisschicht darunter ab. Dabei muss ich mich laufend mit den Armen aus den schulterhohen Schneewehen buddeln. Aber je mehr ich mit meinen Händen schaufle, desto tiefer sinke ich ein. Ich mache sechs mühsame Schritte, falle hin, ruhe mich ein wenig aus und mache dann wieder sechs Schritte. Werde ich es auf diese Art je bis zum Gipfel schaffen?

Etwas weiter oben sind die Bäume schon nicht mehr so dicht und recht verkümmert. Der Schnee ist so dicht und glatt wie Schlagsahne. Von Tieren ist in dieser Höhe nur wenig zu sehen. Zweimal entdecke ich schwache Hasenspuren im Schnee, und einmal plumpst ein blaues Raufußhuhn, drall wie ein Huhn, auf einen niedrigen Ast, von wo es mich unter seinen gewölbten roten Augenbrauen misstrauisch anstarrt. Aus weiter Tiefe höre ich das schwache Trompeten der Schwäne, das zu einem lauten Klanggewirr anschwillt, dem wieder Stille folgt. Sie werden also gerade gefüttert.

Die Markierungen an den Bäumen sind vom Schnee verdeckt, aber meine Route ist nicht schwer zu finden, und nach sechs langen Stunden liegt der kahle Gipfelgrat vor mir. Der Wind hat bis aufs bloße Gestein alles weggeblasen, und ein dicker Eissims hängt über den Rand. Der Himmel ist bedeckt, was den Tag noch kälter erscheinen lässt. Die stillen Gipfel im Rund heben sich ausdruckslos und weiß vom lehmfarbenen Himmel ab. Als ich zum ersten Mal hier heraufkam, waren die umgebenden Berge ein fremdartiges Durcheinander aus Fels und Eis. Inzwischen sind mir ihre Formen aber vertraut geworden, und während meines Aufstiegs erkenne ich sie wie alte Freunde. Da sind die Rainbows, Mount Stupendous, Cariboo Mountain, Eagle Beak, Mount Talchako, Walker's Dome, Mount Ada und der Monarch. Ich bin über ihre windigen Grate geklettert, habe in ihren verborgenen Talmulden geschlafen und aus ihren glitzernden Bächen getrunken.

Der Lonesome Lake unter mir ist grau. Das Eis beginnt schon zu schmelzen, aber die Hunlen-Seenkette, die siebenhundertfünfzig Meter höher liegt, reiht sich wie weiße Diamanten in das Dunkel der umgebenden Wälder. Ein dünner Bergwind bläst ächzend über den Eissims, und zwei kleine schwarze Adler ziehen weit darunter weite Spiralen durch die Lüfte. Wie schnell sie doch die Entfernung zurücklegen können, für die ich so lange gebraucht habe.

Es ist zu kalt zum längeren Verweilen. Außerdem drängt schon die Zeit, denn die Tage sind noch immer kurz. Der Abstieg ist viel einfacher. Ich schlittere durch den lockeren Oberflächenschnee bis zur Felswand. Der Wind ist inzwischen stärker geworden und hat die dichte Wolkendecke schon ein wenig aufgelockert. Bronzene Sonnenstrahlen dringen durch einen messingfarbenen Spalt in den Wolken. Ich mache Rast und schmelze etwas Schnee für mein Teewasser. Der Wind lässt die Flammen meines kleinen Feuers wild aufflackern, und der mächtige Sonnenball brennt sich langsam einen Weg zum Meer. Unser von den Talwänden eingeschlossenes Anwesen liegt schon lange im Schatten, und bei dem Gedanken, meinen luftigen Horst gegen das Dunkel des Waldes eintauschen zu müssen, überfällt mich Platzangst. Als ich müde und erschöpft in die Düsternis absteige, nehme ich die Erinnerung an Wind und Wolken mit, und der Gedanke, dass die Berge immer da sein werden, tröstet mich.

Ein fotografisches Tagebuch

Man kann sich wahrscheinlich nur schwer vorstellen wie es ist, dreiundvierzig Kilometer von der nächsten Straße und hundertfünfzig Kilometer vom nächsten Laden entfernt, ganz allein zu hausen. Noch schwieriger ist wahrscheinlich die Vorstellung, selbst Bäume zu fällen und sich ein Haus zurechtzuzimmern, das den Unbilden aller Jahreszeiten widersteht. Vielleicht kann nur ein Foto die Herrlichkeit der Landschaft so richtig vor Augen führen und auch zeigen, was einem abverlangt wird, wenn man sich darin einen Platz schaffen will.

Seltsamerweise lassen die in der Mitte des Buches reproduzierten Abbildungen den Hausbau aber fast alltäglich erscheinen. Das Ausschneiden der Längskerben, das Aufzimmern der Wände, das Zurechtschneiden des Bauholzes auf einer mit Schnittenden und Kettensägen übersäten Baustelle sieht aus wie bei einem ganz normalen Blockhausbau. Man vergisst dabei nur allzu leicht, dass es am Singenden Fluss meilenweit nur ein einziges anderes Haus gibt, dass das Blockhaus in einem Flusstal hundertfünfzig Kilometer landeinwärts von Bella Coola am östlichen Rand des Tweedsmuir-Provinzparks steht und eine Tageswanderung von den Reparaturwerkstätten für

Kettensägen und Läden, wo man Benzin kaufen kann, entfernt ist. Erstaunlich ist dann doch, dass es sich bei dem Haus um keine klapprige Einsiedlerhütte, sondern um einen zweihundertsiebzig Quadratmeter großen, L-förmigen Bungalow mit einer Terrasse und einem Speicher handelt.

Gleich hinter dem Haus erstreckt sich dann die echte Wildnis, in der man auf Steine tritt, die noch nie von einem menschlichen Fuß berührt worden sind und in der man zum ersten Mal in seinem Leben einen klaren Gletschersee erspähen kann. Wir haben die Aufnahmen keineswegs so zurechtgeschnitten, dass man den beliebten Ferienort am Fuß des Bergs oder die Türme des Wasserkraftwerks in der Ferne nicht sieht. Nein, es ist eine echte, praktisch unberührte und unverdorbene Wildnis.

Epilog

Das Haus ist jetzt leer. Wahrscheinlich wird das Dach den schweren Schneefällen im Winter nicht trotzen, aber die Wände sind stark, und sie werden auch dann noch lange stehen, wenn der Wald schon wieder alles für sich eingenommen hat. Kein menschliches Auge schaut mehr durch die Fenster zum Fluss, der an der Türe vorbeifließt, und der Grizzly kann seinen angestammten Pfaden wieder in Ruhe folgen.

Das Haus aber ist ein Teil von mir. Ich sehe noch immer die Stämme vor mir, die ich unter Qual und Schmerzen aufgezimmert habe. Ich erinnere mich an jeden einzelnen davon, an die Probleme, die ich damit hatte, und an die Stelle, wo der Baum, von dem sie stammen, ursprünglich stand.

Und ich sehe noch die Wölfe vor mir, wie sie im Hof herumtollen und dann in wogenden Scharen durch den Wald davonlaufen. Auch der wundersame Anblick der flammend roten Lachse über den Kiesbänken ist in meinem Herzen verankert. Ich sehe die Schwäne vor mir, wie sie mit ihren Füßen auf dem Eis den Rhythmus zu ihren ureigensten Melodien trommeln und dann mit kräftigen Flügelschlägen in die goldfarbene Dämmerung entschwinden. Ich höre noch ihren klagenden

Ruf, mit dem sie den Winter aus dem Norden ankündigen. Ich spüre den Duft der Sommerblumen auf den Wiesen und besteige wieder die Berge, wo ich über den Adlern stehe und meinen Geist in die luftigen Höhen entschweben lasse, während die Welt zu meinen Füßen immer unansehnlicher wird. Meine Gedanken singen noch immer das pfeifende Lied des Windes und kreisen mit den Adlern über der weiten endlosen Wildnis.

Anmerkung der Autorin

Das Anwesen von Jack und Trudy Turner wurde vom Tweeds-muir-Provinzpark erworben, und so darf dieses Gebiet, das ehemals ein wichtiger Lebensraum der Grizzlys war, wieder der Wildnis anheim fallen. Jack und Trudy sind flussabwärts ins Bella Coola Valley gezogen und wohnen dort in der Nähe ihrer Tochter Susan und ihrer Enkelkinder.

Ich habe die Turners in meinem Buch nur wenig erwähnt, denn über diese tüchtige Familie ist schon viel geschrieben worden. In ihrem Buch *Fogswamp* (Mitautorin Ruth M. McVeigh; Hancock House 1980) beschreibt Trudy ihre eigenen Erfahrungen beim Bau der Hütten. Weitere Informationen über Trudys Vater, der ein echter Pionier war, und über ihre Kindheit finden Sie in: *Crusoe of Lonesome Lake,* Leland Stowe (Random House 1956); *Ralph Edwards of Lonesome Lake,* Ed Gould (Hancock House 1979) und *Ruffles on my Longjohns,* Esabel Edwards (Hancock House 1980).

Während des letzten Sommers, den ich im Blockhaus am Atnarko River verbrachte, wanderte ich vom Anwesen den Fluss hinauf bis ans Ende des markierten Pfads, bahnte mir dann einen Weg durch den fruchtbaren Sumpf, wo die Turners ihre Pferde weiden ließen, und folgte dann einem Wildwechsel, der einen steilen Felsvorsprung entlangführte – es schien der einzige Weg im ganzen Umkreis zum Talrand hinauf zu sein. Neunhundert Meter weiter oben überquerte ich die östliche Grenze des Tweedsmuir-Provinzparks und landete schließlich in einem wenig bekannten, weglosen Gebiet. An einem der Seen einer hoch gelegenen Seenkette, dreißig Kilometer von der nächsten Straße entfernt, meldete ich einen Anspruch auf ein Stück Land an und baute dort schließlich in Eigenregie zwei Blockhäuser. Wie es mir dabei ergangen ist erfahren Sie in *Diary of a Wilderness Dweller* und *Nuk Tessli: The Life of a Wilderness Dweller*.

Von den beiden Blockhäusern aus leite ich jetzt die Nuk Tessli Alpine Experience, ein kleines hochalpines Refugium für Wanderer und Naturfreunde, die mit dem Flugzeug einfliegen. Weitere Informationen dazu können Sie in Nimpo Lake, British Columbia, VOL IRO, oder unter meiner Homepage: www.chilcotin.bc.ca/nuktessli einholen.

Chris Czajkowski, Nuk Tessli, 2002

Danksagung

Etliche Passagen aus diesem Buch habe ich Mitte der achtziger Jahre in Form von Briefen an Peter Gzowskis tägliches Radioprogramm *Morningside* verfasst. Ich danke Peter und auch CBC-Radio für ihre Inspiration, eine völlig neue und aufregende Laufbahn, die der Schriftstellerei, einzuschlagen.

Ich danke dem Workers' Compensation Board für die Erlaubnis, einen Ausschnitt aus dem *The Fallers and Buckers Handbook* zu verwenden.

Mein Dank gilt auch Katie Hayhurst, Dennis Kuch und ihrem Sohn Birch für ihre unerschöpfliche Gastfreundschaft.

Ganz besonders danken möchte ich aber Trudy und Jack Turner, die mir eine einmalige Chance gaben und von denen ich so viel gelernt habe, sowie meiner Lektorin Merilyn Simonds Mohr und allen Mitarbeitern von Camden House, die dieses Buch aus der Taufe gehoben haben, und Raincoast Books für dessen Neudruck.